우리들의
크로아티아
여행

우리들의 크로아티아 여행

초판 1쇄 발행 2025년 10월 1일

지은이 양미석
기획 신미경
편집 송지영, 신미경
교정교열 박성숙
디자인·일러스트 이응셋 이예연, 정우진
마케팅 블랙타이거, 히응
인쇄 미래피앤피
용지 월드페이퍼

펴낸곳 노트앤노트
등록 2022년 2월 14일 제2022-000052호
주소 서울시 마포구 양화로8길 17-28 270호
이메일 admin@noteandknot.com
인스타그램 @noteandknot

ISBN 979-11-992351-1-3 14980
　　　 979-11-978804-2-1 14980(set)

· 책값은 뒤표지에 있습니다.
· 이 책은 저작권법에 의해 보호받는 저작물이므로 무단 전재와 무단 복제를 금지합니다.
· 이 책의 어떤 부분도 인공지능(AI) 기술이나 시스템을 학습시킬 목적으로 사용하거나 복제하는 것을 금지합니다.
· No part of this book may be used or reproduced in any manner for the purpose of training artificial intelligence technologies or systems.
· 잘못 만들어진 책은 구입하신 서점에서 교환해드립니다.

이 책의 제안 내용과 오탈자 제보 등은 QR코드로 연동되는 문서에 작성 바랍니다.

우리들의
크로아티아
여행

쉽고 새로운 여행의 시작

양미석 지음

note & knot

몇 번이고 크로아티아를
다시 찾는 이유

2014년에 쓰고 2015년 3월 세상에 내놓은 저의 첫 번째 책 《크로아티아의 작은 마을을 여행하다》를 오랜만에 다시 읽었습니다. 처음 크로아티아로 떠나 첫 책을 썼던 들뜬 마음이 고스란히 전해졌습니다. '내 여행이 한 권의 책으로 묶여 나오다니!' 모든 게 신기하고 감사했습니다. 크로아티아를 다룬 한국어 가이드북이 거의 없을 때여서 여행 에세이지만 꼭 필요한 정보는 꾹꾹 눌러 담으려 했었지요. 그로부터 10년이 흘렀습니다. 이후 다섯 권의 책을 더 썼고, 저를 작가로 만들어준 나라 크로아티아를 또 이야기하게 되었습니다.
크로아티아는 많이 바뀌었고 또 바뀌지 않았습니다. 쿠나(Kuna)로 환전하는 번거로움 없이 이젠 유로(Euro)를 사용할 수 있지요. 여행하는 내내 동양인을 마주치기 힘들었던 이스트라반도의 작은 마을에서도 이젠 우리나라 사람을 쉽게 만날 수 있고, 성수기엔 소매치기 걱정도 해야 합니다. 그래도 변하지 않은 건 플리트비체 호수 국립공원의 아침 공기, 시리게 푸르고 맑은 아드리아해, 무뚝뚝해 보이지만 상냥하고 정다운 사람들. 몇 번이고 크로아티아를 다시 찾게 되는 이유입니다.
가이드북 작업을 할 때마다 책의 역할을 고민합니다. 어쩌면 지면의 한계는 장점이 되기도 합니다. 보고 듣고 겪은 크로아티아의 전부를 담을 순 없기 때문에 가장 좋은 것, 가장 중요한 것을 고르고 또 골라내는 치열한 고민이 담기기 때문입니다. 함께하는 세 번째 책, 언제나처럼 믿음직스러운 동료 Mick님, 편집자님, 교열 선생님, 디자이너님, 흔쾌히 인터뷰에 응해주신 크로아티아 현지의 세 분, 플레이리스트를 나눠주신 피디님, 책을 만들고 판매하는 과정에 함께해주신 모든 분, 감사합니다. 언제나 내 편인 가족들, 하늘에 계신 할아버지와 할머니 감사합니다. 그리고 저자의 말까지 꼼꼼하게 읽어주신 독자님들, 덕분에 계속해서 가이드북을 쓰고 있습니다. 진심으로 감사드립니다.

크로아티아의 푸른 바다를 그리며,
양미석

Perfect Guide

이 책을 읽는 방법

여행 가이드북에는 일러두기가 있기 마련입니다. 어떤 기준으로 책을 만들었는지 알리기 위해서지만, 잘 살펴보면 여행지의 특성을 반영한 요소가 꽤나 많습니다. 일러두기는 가이드북을 읽는 방법일 뿐만 아니라 여행지를 이해하는 열쇠이기도 합니다.

스폿 분류
- 명소
- 미식
- 쇼핑
- 숙소

스폿 정보
- 주소
- 찾아가는 법
- 운영시간
- 휴무일
- 요금 및 가격
- 홈페이지
- 인스타그램
- 구글 지도 검색어
- 지도 위치

교통
- 항공
- 선박
- 열차
- 장거리 버스/시내버스
- 택시/공유 차량
- 트램
- 케이블카
- 도보

◉ Sightseeing 15 ❷

프란체스코회 수도원
❶ Franciscan Church and Monastery
(Franjevački samostan i crkva)

시민의 건강을 책임진 종교 시설

두브로브니크에서 가장 아름다운 로마네스크 양식의 건축물로 14세기에 지었다. 필레 문을 통해 구시가로 들어가면 성벽 입구 바로 옆에 성 그리스도 성당(Crkva Sv. Spasa)이라는 작은 성당이 서 있다. 수도원 입구는 성당 오른쪽 골목으로 들어가면 나온다. 골목에 700년 전통의 말라 브라차 약국p.224의 위치를 알리는 초록색 십자가 간판이 있다. 프레스코화로 꾸민 수도원 안뜰에는 작은 박물관이 있으며, 오래전 약국에서 사용하던 도기나 제조법이 담긴 옛 문서, 성가 악보 등이 전시되어 있다.

❸ ⓟ Poljana Paska Miličevića 4 ❹ 🚶 필레 문에서 도보 2분
🕐 3~10월 09:00~18:00, 11~2월 09:00~14:00 ✖ 1월 1일, 12월 25일 💰 €6, 두브로브니크 패스 소지 시 무료 📍p.195-D2

❶ 외래어 표기
크로아티아는 크로아티아어를 사용하며, 이 책의 한국어 표기는 국립국어원의 세르보크로아트어 외래어 표기법에 따랐습니다. 다만 관용적 표기나 현지 발음과 동떨어진 경우에는 예외를 두었습니다. 주요 스폿명에는 영문과 크로아티아어를 병기해 검색의 편의성과 여행지에서의 실용성을 더했습니다.

❷ 스폿 분류
지역별 테마&추천 스폿은 관광(Sightseeing), 미식(Food&Drink), 쇼핑(Shopping), 총 3가지로 분류해 소개한 순서대로 번호를 붙였습니다.

❸ 주소
크로아티아의 주소 체계는 도로명을 기반으로 하므로 이 책 또한 도로명과 건물 번호로 스폿의 주소를 표기했습니다.

❹ 찾아가는 법
주요 도시의 구시가에 명소가 몰려 있고 구시가의 규모도 작아 거의 모든 명소를 도보로 둘러볼 수 있습니다. 자연스레 이 책에 소개한 대부분의 명소는 랜드마크나 주요 교통 거점에서 도보로 몇 분 거리인지로 찾아가는 법을 표기했습니다.

❺ 운영시간과 휴무일
운영시간은 홈페이지를 기준으로 작성하고 휴무일은 정기 휴일로 표기했습니다. 홈페이지 정보가 최신이 아닌 경우 해당 스폿의 SNS, 구글 지도 정보를 함께 확인해서 적었습니다. 특히 크로아티아는 성수기와 비수기에 따라 스폿의 운영 여부와 시간, 휴무일 등이 크게 바뀌고, 스폿마다 성수기와 비수기의 기준도 달라 방문 전 반드시 운영시간과 휴무일을 확인해야 합니다.

❻ 요금과 가격
크로아티아는 2022년 7월 유로존 가입 승인 후 2023년 1월 1일부터 유로를 공식 통화로 도입했습니다. 크로아티아를 여행할 때는 옛 화폐인 쿠나 대신 유로를 준비해야 합니다.

❼ 홈페이지와 예약
일부 식당은 홈페이지를 통해 요금 안내 및 예약을 진행하기도 합니다. 구글 지도에서 상호명을 검색한 후 '예약하기'의 링크를 눌러 예약할 수도 있습니다.

❽ 이 책의 정보
이 책은 2025년 9월까지 수집한 정보를 기준으로 하며, 현지 사정에 따라 정보가 변경될 수 있습니다.

Food&Drink 07
란테르나 나 돌추 Lanterna na Dolcu
차분하고 정갈한 레스토랑

돌라츠 시장의 신선한 식재료를 매일 공수해 사용한다. 짧게 돌돌 말린 이스트라반도 전통 파스타를 넣은 송로버섯 파스타(Lanterna pljukanci with beef fillet and truffles)가 인기. 식사 시간에는 예약을 권한다.

📍 Opatovina ul. 31 🚶 반 옐라치치 광장에서 도보 5분 ❻
❺ 🕐 14:00~22:00 ❌ 일요일 🍽 송로버섯 파스타 €22, 메인 €19~32 🌐 lanterna-zagreb.com(예약 가능) 📖 p.68-C1
❼

Contents
차례

4   몇 번이고 크로아티아를 다시 찾는 이유
6   이 책을 읽는 방법

Part 01
우리가 크로아티아로 떠나는 이유

14   내가 두브로브니크에 정착한 이유
16   소박하고 평화로운 크로아티아의 수도에서
18   크로아티아 사람이 추천하는 크로아티아
20   크로아티아까지는 얼마나 걸릴까
22   크로아티아는 어떤 곳일까
24   크로아티아 여행 언제 떠날까
26   크로아티아 월별 여행 팁
28   크로아티아에서는 어디를 갈까
30   크로아티아 소도시 여행
32   크로아티아를 즐기는 방법 7
34   로컬 요리, 자연이 선물한 풍성한 식탁
36   빵과 디저트, 식사의 시작과 끝
37   맥주, 크로아티아에서만 맛보는 청량함
38   와인, 지역 와인과 음식을 페어링하는 즐거움
39   음료, 고도주와 생수 브랜드
40   기념품, 여행을 추억하는 선물
42   쇼핑 리스트, 우리 모두를 위한 즐거움
44   슈퍼마켓, 일상을 구경하는 재미가 쏠쏠
46   연표로 보는 크로아티아 역사
48   크로아티아 여행 일정 짜기
50   크로아티아 핵심 도시, 6박 7일 코스
52   소도시까지 꼼꼼하게, 13박 14일 코스

Part 02
수도에서 시작하는 여행
자그레브

56	우리가 자그레브에 가야 하는 이유
58	자그레브 교통 지도
59	자그레브로 이동하기: 항공
62	자그레브로 이동하기: 장거리 버스
64	자그레브로 이동하기: 열차
65	자그레브 시내 교통
66	자그레브 숙소
67	자그레브 추천 여행
68	자그레브 지도
70	크로아티아스러운 명소를 따라서 자그레브 하루 산책
76	자그레브 추천 스폿

Part 03
오감으로 느끼는 요정의 숲
플리트비체 호수 국립공원

88	우리가 플리트비체 호수 국립공원에 가야 하는 이유
90	플리트비체 호수 국립공원은 어떤 곳일까?
91	가기 전에 체크! 플리트비체 호수 국립공원의 이모저모
93	플리트비체 호수 국립공원 교통 지도
94	플리트비체 호수 국립공원으로 이동하기
96	플리트비체 호수 국립공원 내 교통
97	플리트비체 호수 국립공원 숙소
98	플리트비체 호수 국립공원 지도
102	하루 종일 플리트비체 한가득 H 코스 따라 걷기
109	맛집 황무지 플리트비체에서 제대로 챙겨 먹는 한 끼

Part 04
처음 만나는 푸르고 붉은 바다
자다르

- 112 우리가 자다르에 가야 하는 이유
- 114 자다르 교통 지도
- 115 자다르로 이동하기: 장거리 버스
- 117 자다르 시내 교통
- 118 자다르 숙소
- 119 자다르 추천 여행
- 120 자다르 지도
- 122 파도의 연주를 들으며 맞는 세상 가장 아름다운 해넘이
- 126 *Note* 자다르의 푸른 바다를 즐기는 방법
- 127 자다르 추천 스폿

Part 05
오래 머물고픈 오래된 도시
스플리트

- 138 우리가 스플리트에 가야 하는 이유
- 140 스플리트 교통 지도
- 141 스플리트로 이동하기: 항공
- 142 스플리트로 이동하기: 장거리 버스
- 144 스플리트로 이동하기: 선박
- 145 스플리트 시내 교통
- 146 스플리트 숙소
- 147 스플리트 추천 여행
- 148 스플리트 지도
- 150 황제의 궁전에서 시작하는 고대 로마 여행
- 152 *Note* 한눈에 살피는 디오클레티아누스 궁전과 주변
- 160 *Note* 궁전 안팎의 세계를 연결하는 4개의 문
- 161 *Note* 스플리트를 사랑한 두 남자 디오클레티아누스와 이반 메슈트로비치
- 162 예술가가 사랑한 도시 이반 메슈트로비치의 스플리트
- 166 스플리트 추천 스폿

Part 06
요새의 도시에서 해의 시간을 따라
두브로브니크

- 180 우리가 두브로브니크에 가야 하는 이유
- 182 두브로브니크 교통 지도
- 183 두브로브니크로 이동하기: 항공
- 185 두브로브니크로 이동하기: 장거리 버스
- 187 두브로브니크로 이동하기: 선박
- 188 두브로브니크 시내 교통
- 190 두브로브니크 숙소
- 191 두브로브니크 숙소 지도
- 193 두브로브니크 추천 여행
- 194 두브로브니크 지도
- 196 이 아름다운 도시에서 단 하루를 보낸다면
- 200 *Note* 한눈에 익히는 성벽 투어 코스
- 204 *Note* 성벽 위를 걸으며 도시의 과거를 마주하다
- 208 아드리아해에 풍덩! 두브로브니크의 해변
- 212 두브로브니크 추천 스폿
- 225 *Plus Spot* 무인도에서 보내는 특별한 시간 로크룸섬

Part 07
우리들의 작은 여행

- 230 크로아티아 소도시 지도
- 232 사랑에 빠지는 도시
  로빈
- 238 천사의 머릿결을 가진 마을
  라스토케
- 242 라벤더 흐드러진 푸르른 섬
  흐바르섬
- 248 달마티아의 작은 보석
  트로기르
- 253 *Plus Spot* 프리모슈텐
- 254 크로아티아인이 세운 유일한 도시
  시베니크
- 260 한여름에도 여유로운 바다 마을
  차브타트

Part 08
우리들의 여행 준비

차근차근 하나씩, 크로아티아 여행 준비
- 267 출국 준비 체크리스트
- 269 짐 싸기

**더 편하고 유용하게,
크로아티아 여행 애플리케이션**
- 271 추천 애플리케이션

**입국부터 출국까지,
실전 크로아티아 여행**
- 273 크로아티아로 입국하기
- 274 도시 간 이동하기: 장거리 버스
- 276 도시 간 이동하기: 선박, 열차
- 277 렌터카 이용하기
- 279 시내 교통: 시내버스, 트램, 택시
- 280 크로아티아에서 출국하기

- 282 색인

Part 01

우리가 크로아티아로 떠나는 이유

Explore Croatia

Interview 01

내가 두브로브니크에 정착한 이유

본토 코리안 레스토랑 오너 정리나
@bontorestaurant

두브로브니크에 정착한 지 벌써 10년이다. 햇볕이 반겨주는 따뜻한 바닷가 도시는 세계 각국의 관광객이 모이는 곳이기도 해서 한국 음식을 알리고자 하는 욕심을 얹어 레스토랑을 운영 중이다. 두브로브니크에 왔다면 배로 10분 거리의 로크룸섬(Lokrum Island)p.225 에 가보길 권한다. 섬을 둘러보다 마음에 드는 해변에서 수영을 즐기거나 수도원을 개조한 레스토랑에서 화이트 와인을 마시는 등 편안하고 여유롭게 하루를 보내기에 제격이다. 개인적으로는 올드 타운에서 남쪽으로 15분가량 차로 달리면 만날 수 있는 작은 마을, 믈리니(Mlini)의 해변을 사랑한다. 올리브를 찧어 기름을 짜던 오래된 물레방아와 오랜 세월 해풍을 품어온 소나무가 반기는 곳이다. 코로나19 팬데믹 시기, 남편과 함께 커피 한 잔 들고 이 바닷가를 걷다 보면 자연의 치유를 받는 듯했다. 해 질 녘 붉게 물든 지평선에서 작은 고깃배들이 집으로 돌아오는 풍경 또한 평생 잊지 못할 듯하다.

Interview 02

소박하고 평화로운 크로아티아의 수도에서

자그레브 한인 마트 오너 이진욱

zagreb_korean_mart

치열한 한국 사회에서 벗어나고 싶어 여행을 다니던 중 크로아티아의 느긋하고 평화로운 분위기에 이끌려 이민을 결심했다. 그렇게 정착한 자그레브는 한 나라의 수도지만 번잡스럽지 않고 상대적으로 물가가 저렴하다. 가장 큰 매력은 무뚝뚝해 보이지만 순수하고 정 많은 사람들이다. 이곳엔 크로아티아를 대표하는 건축물도 여럿 있다. 그중에서도 구시가의 언덕 위에 자리한 성 마르코 성당(St. Mark's Church)p.75은 레고 블록을 얹은 듯 타일로 만든 지붕이 특히 인상적이다. 자그레브는 물가가 싸 기념품 쇼핑하기도 좋다. 매장에 오는 손님들께 추천해드리는 크로아티아의 기념품은 단연 송로버섯 가공식품이다. 특히 크로아티아의 화이트 트러플은 향이 부드럽다. 나를 위한 선물로도 남에게 주는 선물로도 손색이 없다. 흐바르섬의 라벤더로 만든 기념품도 추천한다. 특히 라벤더 에센셜 오일은 알코올이 거의 첨가되지 않아 향이 은은하고 오래간다.

Interview 03

크로아티아 사람이 추천하는 크로아티아

자그레브 한글학교 초급반 교사 키아라 가티(Chiara Gatti)
ⓘ korean.school.zagreb

2014년, 케이팝을 접하며 한국 음악, 드라마, 문화에 흥미를 느꼈고 그 후 한국어 공부를 시작했다. 지금은 자그레브에서 패션 디자인을 전공하는 학생이자 자그레브 한글학교(Korean School ZG)에서 초급반을 가르치는 선생님으로 살고 있다. 자그레브는 골목 구석구석에도 오래된 역사가 숨 쉬는 매력적인 공간이 많다. 전통 요리를 즐길 수 있는 음식점도 많은데, 그중에서도 슈트루클리(Štrukli)를 맛볼 수 있는 라 슈트루크(La Štruk)p.81와 브런치를 즐기기에 좋은 브레드클럽(Breadclub), 코리차(Korica)는 꼭 들러보면 좋겠다. 늦은 봄과 여름에 특히 아름다운 플리트비체 호수 국립공원도 추천한다. 공기도 맑아 힐링하기 정말 좋다. 아름다운 자연과 마음이 평온해지는 분위기는 크로아티아의 큰 매력이다. 크로아티아 사람들의 일상은 여유롭다. 사람들은 따뜻한 정이 넘치고 축구나 핸드볼 경기, 유로비전 송 콘테스트 같은 이벤트가 있을 때 모두 하나가 되는 느낌이 든다.

How to Reach Croatia

크로아티아까지는 얼마나 걸릴까

유럽 남동쪽에 위치한 크로아티아는 동유럽과 서유럽을 잇는 중간 기착지다. 슬로베니아, 헝가리, 보스니아 헤르체고비나, 몬테네그로, 세르비아와 국경을 접하며 아드리아해를 끼고 이탈리아 반도와 마주 본다. 우리나라에서 약 13시간의 비행 끝에 크로아티아에 닿으면 동유럽, 서유럽 주요 여행지로 쉽게 이동할 수 있다.

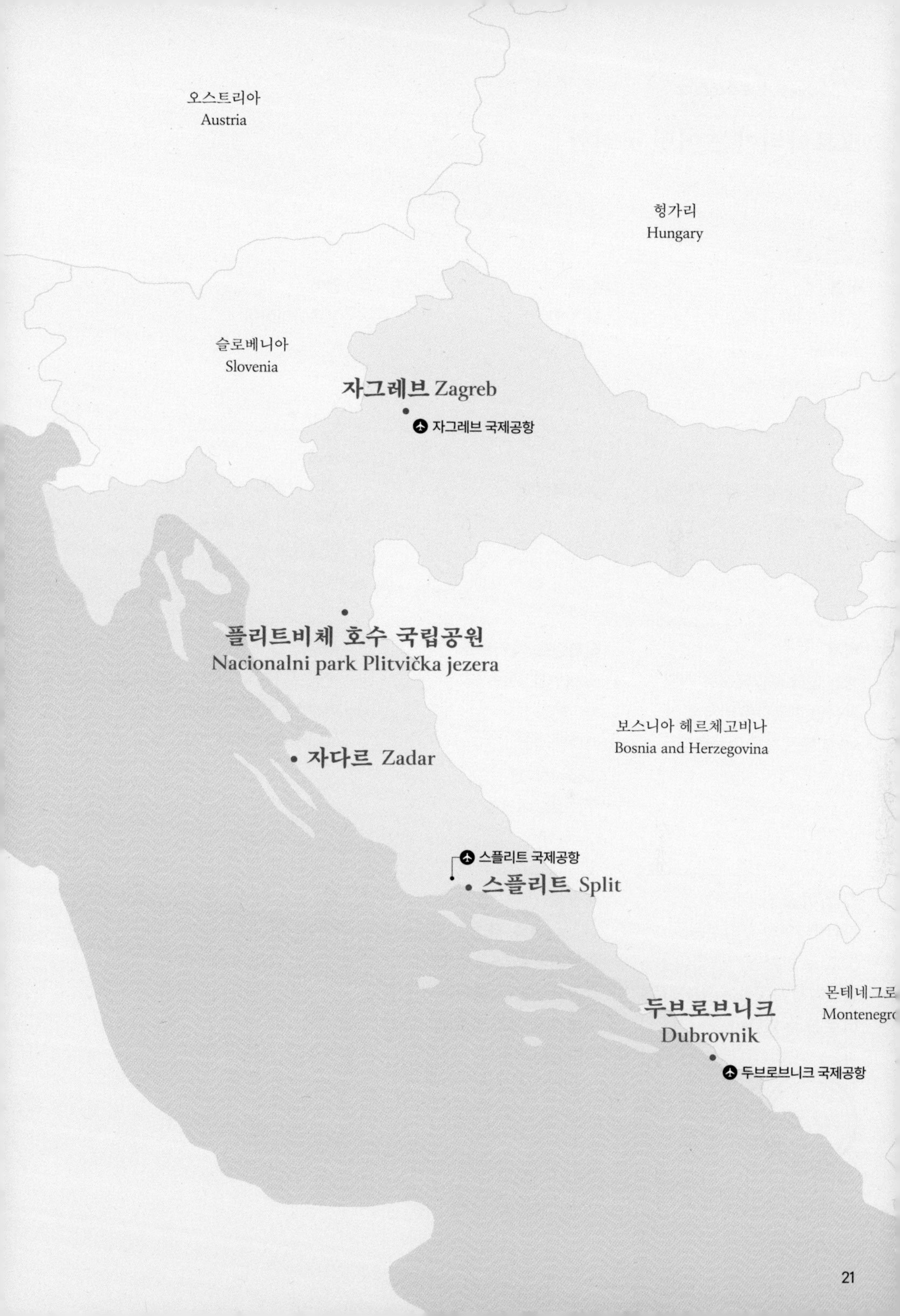

오스트리아
Austria

헝가리
Hungary

슬로베니아
Slovenia

자그레브 Zagreb
✈ 자그레브 국제공항

플리트비체 호수 국립공원
Nacionalni park Plitvička jezera

보스니아 헤르체고비나
Bosnia and Herzegovina

• **자다르** Zadar

✈ 스플리트 국제공항
• **스플리트** Split

두브로브니크
Dubrovnik
✈ 두브로브니크 국제공항

몬테네그로
Montenegro

About Croatia

크로아티아는 어떤 곳일까

국명
크로아티아 공화국
(Republic of Croatia,
Republika Hrvatska)

수도
자그레브(Zagreb)

언어
크로아티아어

면적
56,594km²(대한민국의 약 56%)

인구
약 384만 명

종교
로마 가톨릭 79%, 무교 5%, 세르비아 정교 3.3%, 그 외 이슬람교 등

비자
셍겐 협약 가입국으로, 관광 목적인 한국인은 비자 없이 90일 동안 체류 가능하다.

전화번호/지역번호
국가 번호 +385
자그레브 1
자다르 23
스플리트 21
두브로브니크 2

시차
한국보다 8시간 늦다. 서머타임 기간(3월 마지막 주 일요일~10월 마지막 주 일요일)엔 7시간 늦다.

전압/어댑터
전압은 230V, 주파수는 50Hz로 변환 플러그 없이 한국에서 사용하는 전자제품을 바로 쓸 수 있다.

화장실
버스 터미널, 역 등 대부분이 유료이며 €0.5~1 정도의 요금을 받는다. 음식점, 쇼핑몰, 박물관 등 관광 명소 내 화장실은 무료다.

팁
필수는 아니다.

국기

바탕색인 적색, 백색, 청색은 이른바 '범 슬라브' 색으로, 구 러시아 제국의 국기에서 유래했다. 국기 중앙에는 방패 모양의 크로아티아 국가 문장이 그려져 있다. 문장 위 5개 문양은 왼쪽부터 크로아티아, 두브로브니크, 달마티아, 이스트라, 슬라보니아를 나타낸다.

통화

유로 €(환율 €1=약 1,620원, 1 Euro=100Cent)

*환율 출처: 한국은행 경제통계시스템, 2025년 8월 평균 환율.

* 동전:
  1c, 2c, 5c, 10c, 20c, 50c, €1, €2

* 지폐:
  €5, €10, €20, €50, €100, €200

주 크로아티아 대한민국 대사관

Ksaverska cesta 111/A-B, 10000 Zagreb
+385-1-4821-282
overseas.mofa.go.kr/hr-ko/index.do

알아두면 유용한 연락처

경찰, 화재, 구급차(통합) 112
영사 콜센터(24시간) +82-2-321-0404

*카카오톡, 라인으로도 상담 서비스 제공.

Croatia Weather

크로아티아 여행 언제 떠날까

크로아티아는 국토 면적은 좁지만 내륙과 해안 지역, 북부와 남부의 기후 차이가 뚜렷하다. 사람이 가장 많이 몰리는 시기는 6~9월이고, 여행하기 좋은 시기는 5~6월, 9월이다.

내륙 지역: 자그레브, 플리트비체 호수 국립공원
대륙성 기후로 건조한 편이라 한여름에도 그다지 덥지 않다. 산속에 위치한 플리트비체 호수 국립공원은 비가 자주 내리는 등 날씨가 변덕스러운 편이고 겨울에 눈이 굉장히 많이 온다.

자그레브 연평균 기온과 월별 강수량

*출처: Holiday Weather

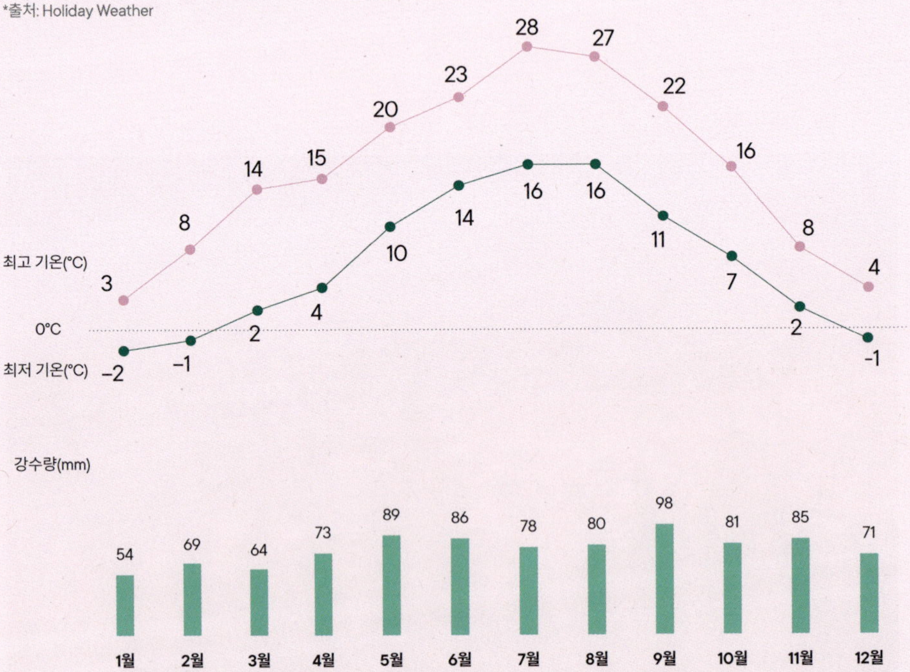

월	1월	2월	3월	4월	5월	6월	7월	8월	9월	10월	11월	12월
최고 기온(°C)	3	8	14	15	20	23	28	27	22	16	8	4
최저 기온(°C)	-2	-1	2	4	10	14	16	16	11	7	2	-1
강수량(mm)	54	69	64	73	89	86	78	80	98	81	85	71

크로아티아 국경일

1월 1일 새해	5월 1일 노동절	8월 15일 성모승천 대축일
1월 6일 주현절	5월 30일 국가의 날	11월 1일 만성절
4월 5일 부활절	6월 7일 성체 축일	11월 18일 추도의 날
	6월 22일 반파시스트 투쟁 기념일	12월 25일 성탄절
4월 6일 이스터 먼데이	8월 5일 승전 축일, 추수감사절	12월 26일 성 스테판의 날

*2026년 기준. 부활절, 이스터 먼데이, 성체 축일은 매년 달라짐.

해안 지역: 자다르, 스플리트, 두브로브니크

전형적인 지중해성 기후를 보인다. 여름철 한낮엔 기온이 40°C 가까이 올라갈 정도로 강렬한 햇볕이 내리쬐지만 습하지 않아 불쾌지수는 낮다. 여름보다 겨울에 비가 많이 온다.

두브로브니크 연평균 기온과 월별 강수량

*출처: Holiday Weather

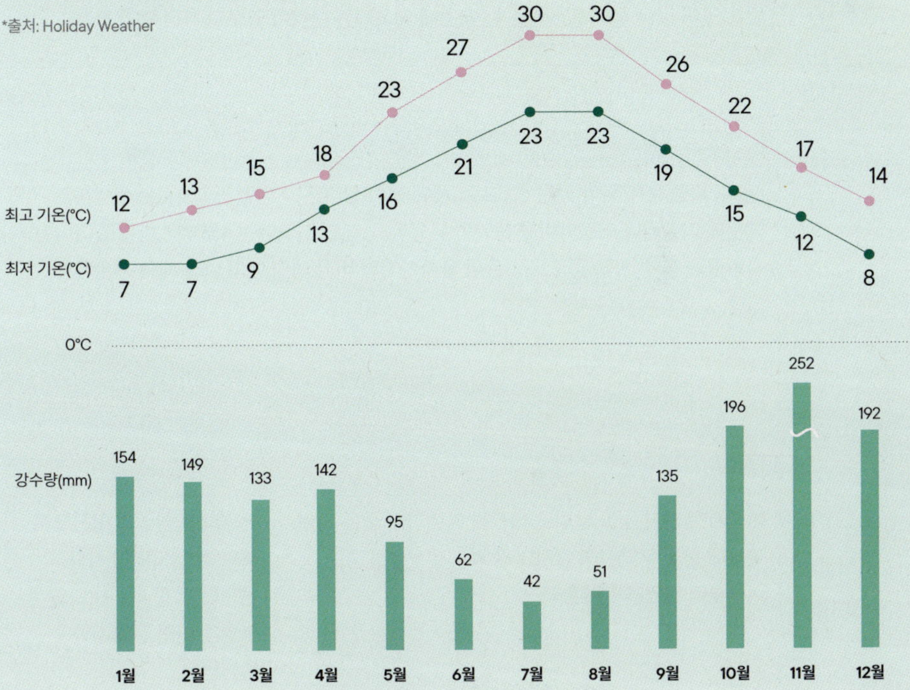

	1월	2월	3월	4월	5월	6월	7월	8월	9월	10월	11월	12월
최고 기온(°C)	12	13	15	18	23	27	30	30	26	22	17	14
최저 기온(°C)	7	7	9	13	16	21	23	23	19	15	12	8
강수량(mm)	154	149	133	142	95	62	42	51	135	196	252	192

Monthly Travel Tips

크로아티아 월별 여행 팁

	1월	2월	3월
옷차림 Tip	자그레브는 한국보다 기온도 습도도 높다. 그러나 살을 에는 한기가 느껴지므로 두꺼운 외투를 챙기자. 플리트비체 호수 국립공원에서 하이킹을 할 땐 장갑과 방수 기능이 있는 신발을 준비하는 게 좋다. 남쪽으로 내려갈수록 기온이 올라가며, 해안 지역은 비가 내리느냐에 따라 기온차가 크다. 남쪽 지역은 기온이 영하로 떨어지는 날은 매우 드물며 화창한 날은 한국의 초겨울 옷차림으로 다녀도 될 정도로 따뜻하다.		자그레브의 3월은 한국 수도권의 3월 날씨와 비슷하지만 플리트비체는 여전히 겨울 분위기가 남아 있다. 해안 지역은 한국보다 따뜻하며 비가 잦다.
시기별 여행 Tip	비수기		
	크리스마스 마켓이 끝나면 완전한 비수기다. 휴양지의 숙소, 음식점, 기념품점 등 문을 닫는 곳이 많다. 플리트비체는 눈 때문에 폐쇄되는 구역이 있으니 사전 확인 필수!		

	4월	5월	6월
옷차림 Tip	5월이 되면 눈이 남아 있던 플리트비체에 봄이 찾아온다. 아침저녁으로는 쌀쌀하기 때문에 머플러나 바람막이를 챙기면 유용하다. 해안 지역에선 4월부터 반팔로 다니는 사람들을 볼 수 있을 정도로 기온이 올라가지만 비가 내릴 때와 아닐 때의 기온차가 크다.		
시기별 여행 Tip	준성수기		성수기
	여행자도 많지 않고 날씨도 쾌적해 여행하기 좋은 시기. 겨우내 문을 닫았던 휴양지의 상업 시설은 4월 중순 이후부터 영업을 재개한다.		본격적인 성수기 직전으로 특히 해안 지역에 사람이 몰린다. 각종 액티비티와 일일 투어의 선택지가 늘어난다.

흔히들 크로아티아가 가장 아름다운 시기는 여름이라고 한다. 하지만 예측이 빗나가기 쉬운 것이 바로 날씨. 새로운 풍경을 찾아 크로아티아로 떠날 이들을 위해 시기별 여행 팁을 풀어본다.

	7월	8월	9월
옷차림 Tip	내륙과 해안 지역 모두 한여름이다. 한국보다 건조해서 기온이 높아도 불쾌지수는 낮은 편이다. 특히 해안 지역은 강수량이 1년 중 가장 적은 시기로 화창한 날이 이어진다. 플리트비체만 아침저녁으로 얇은 긴팔이 필요하다. 어딜 가든 해가 강하기 때문에 선글라스, 선크림은 필수! 해수욕을 즐길 사람은 아쿠아 슈즈를 챙기면 좋다.		9월 중순이 지나면 내륙 지역의 기온이 갑자기 떨어진다. 해안 지역은 9월 말부터 아침저녁으로 쌀쌀해진다. 얇은 옷을 여러 벌 겹쳐 입는 게 좋다.
시기별 여행 Tip	성수기		준성수기
	더위에 아랑곳하지 않고 크로아티아 전역은 여행자로 넘쳐난다. 여름밤을 달구는 다양한 축제와 이벤트가 열린다.		성수기의 인파가 슬슬 빠지기 때문에 여행하기 좋다.

	10월	11월	12월
옷차림 Tip	한국의 10월 날씨와 비슷하다. 트렌치코트 등 가을 외투에 머플러 등을 챙기면 유용하다.	플리트비체는 11월부터 눈이 내리기 시작한다. 해안 지역도 비가 오는 날이 많아져 실제 기온과 체감 온도의 차이가 크므로 방한에 신경 쓰자. 우산 또는 우비 필수!	
시기별 여행 Tip	준성수기	비수기	
	날씨가 시원해 여행하기 좋은 시기. 휴양지의 상업 시설은 10월 말까지 영업하고 휴업하는 곳이 많다.	11월부터 여행자가 확 줄어들고 숙박비도 저렴해진다. 날씨만 맑다면 의외로 여행하기 좋은 시기. 크리스마스 시즌이 되면 각 도시의 광장마다 크리스마스 마켓이 열려 활기찬 분위기를 즐길 수 있다. 자그레브의 크리스마스 마켓 규모가 가장 크다.	

The Best of Croatia

크로아티아에서는 어디를 갈까

크로아티아 여행의 관문인 자그레브, 크고 작은 호수와 폭포가 만들어낸 비경 플리트비체 호수 국립공원, 평생을 추억할 석양 자다르, 로마 황제의 궁전이 자리한 달마티아의 최대 도시 스플리트, "아드리아해의 진주"로 불리며 많은 이가 여행의 하이라이트로 꼽는 두브로브니크까지. 크로아티아 대표 여행지의 매력을 알아보자.

자그레브 Zagreb

크로아티아의 수도. 로마, 파리, 런던 등 유럽의 다른 나라 수도와 비교하면 시내 규모는 작은 편이다. 하지만 휴양지보다 저렴한 물가와 무뚝뚝해 보이지만 정 많고 친절한 사람들은 자그레브의 큰 매력이다. 또한 국내, 국외로 이동하는 교통편이 모두 편리하다. 따라서 자그레브는 크로아티아 여행의 시작과 끝이 되는 도시다.

플리트비체 호수 국립공원 Nacionalni park Plitvička jezera

16개의 호수와 92개의 폭포로 이루어진 크로아티아 최초의 국립공원. 두브로브니크와 함께 크로아티아에서 가장 인기 있는 명소라 언제나 북적인다. 물소리, 새소리만 들리는 숲을 온전히 느끼고 싶다면 공원이 문을 여는 시간에 방문하길 추천한다. 시간 여유가 있다면 며칠 머물며 다양한 하이킹 코스를 즐겨보자.

이탈리아
Italy

자다르 Zadar

노을이 아름다운 도시는 많다. 하지만 해가 수평선 너머로 떨어지는 순간 '태양의 인사'에 색색의 조명이 켜지는 마법 같은 풍경은 오직 자다르에서만 만날 수 있다. 어른 아이 할 것 없이 해변에 주저앉아 장난치고 서로의 사진을 남기는 풍경은 보는 이들을 행복하게 만든다.

스플리트 Split

아드리아해를 끼고 있는 달마티아 지역에서 가장 큰 도시. 원래는 바닷가의 작은 마을에 불과했으나 3세기 말, 로마 황제 디오클레티아누스가 스플리트에 커다란 궁전을 지었고 로마 제국이 멸망한 이후에도 궁전을 중심으로 도시가 발전해 지금에 이르렀다. 교통이 매우 편리해서 거점 도시로 삼기 좋다. 시내만 본다면 하루로 충분하지만 일정을 여유 있게 잡아 근교 도시, 섬으로 작은 여행을 떠나보는 걸 추천한다.

헝가리
Hungary

슬로베니아
Slovenia

자그레브 Zagreb
✈ 자그레브 국제공항

플리트비체 호수 국립공원
Nacionalni park Plitvička jezera

보스니아 헤르체고비나
Bosnia and Herzegovina

• 자다르 Zadar

✈ 스플리트 국제공항
• 스플리트 Split

몬테네그로
Montenegro

두브로브니크
Dubrovnik
✈ 두브로브니크 국제공항

> **Tips. 달마티아 지방**
> 달마티아(Dalmatia) 지방은 크로아티아 영토 중 아드리아해에 면한 지역 대부분을 가리킨다. 자다르, 두브로브니크, 시베니크, 트로기르 등이 속하며, 가장 큰 도시는 스플리트다.

두브로브니크 Dubrovnik
스플리트에서 남쪽으로 약 200㎞ 떨어져 있다. 크로아티아를 대표하는 명소지만 구시가의 규모가 워낙 작아 성수기엔 오버 투어리즘이 심각하고 크로아티아에서 물가가 가장 비싸다. 그렇지만 많은 여행자가 "일정 마지막에 두브로브니크에 오길 잘했다. 만약 처음에 왔다면 다른 도시는 모두 시시했을 것"이라고 칭찬을 아끼지 않는 데는 다 이유가 있다.

Beautiful Villages
크로아티아 소도시 여행

한두 시간이면 다 둘러볼 정도로 작은 마을도 저마다 그 개성이 뚜렷해 스플리트나 두브로브니크 같은 대도시 못지않은 인상을 남기곤 한다. 빡빡하게 짠 일정 속에서 잠시나마 유유자적하며 시간을 보낼 수 있는 크로아티아의 소도시를 소개한다.

로빈 Rovinj
주요 도시에서 멀리 떨어져 있지만 크로아티아 소도시 중 우리나라 여행자에게 인기가 많은 곳이다. 특유의 낭만적인 분위기 덕분에 신혼여행지로 특히 사랑받는다.

라스토케 Rastoke
자그레브와 플리트비체 호수 국립공원을 오가는 길에 들를 수 있는 마을. '천사의 머릿결'처럼 아름다운 폭포와 함께 살아가는 삶을 만날 수 있다.

이탈리아
Italy

흐바르섬 Hvar
스플리트 앞바다의 많은 섬 중에서 당일치기 여행지로 가장 사랑받는다. 섬의 중심인 흐바르 타운엔 중세 시대의 모습이 고스란히 남아 있고 자연 풍광을 감상하기에도 좋다. 시간 여유가 있다면 숙박을 하며 느긋하게 아드리아해를 만끽하는 걸 추천한다.

프리모슈텐 Primošten
트로기르와 함께 묶어 스플리트에서 당일치기로 다녀오기 좋다. 크로아티아를 대표하는 해변 중 하나가 바로 프리모슈텐에 있다.

트로기르 Trogir
스플리트에서 당일치기로 다녀오기 좋은 도시로 "달마티아의 보석"이라 불린다. 고대부터 그리스인이 마을을 이루며 살았고 그 후에도 많은 지배자가 탐낸 항구 도시다. 다양한 시대와 양식의 건물을 한자리에서 볼 수 있다.

시베니크 Šibenik
자다르와 스플리트의 중간쯤에 위치한다. 현존하는 크로아티아 도시 중 유일하게 크로아티아인이 건설한 도시다. 주변의 파란 바다와 어우러져 청량한 느낌마저 드는 성 야고보 대성당이 있다.

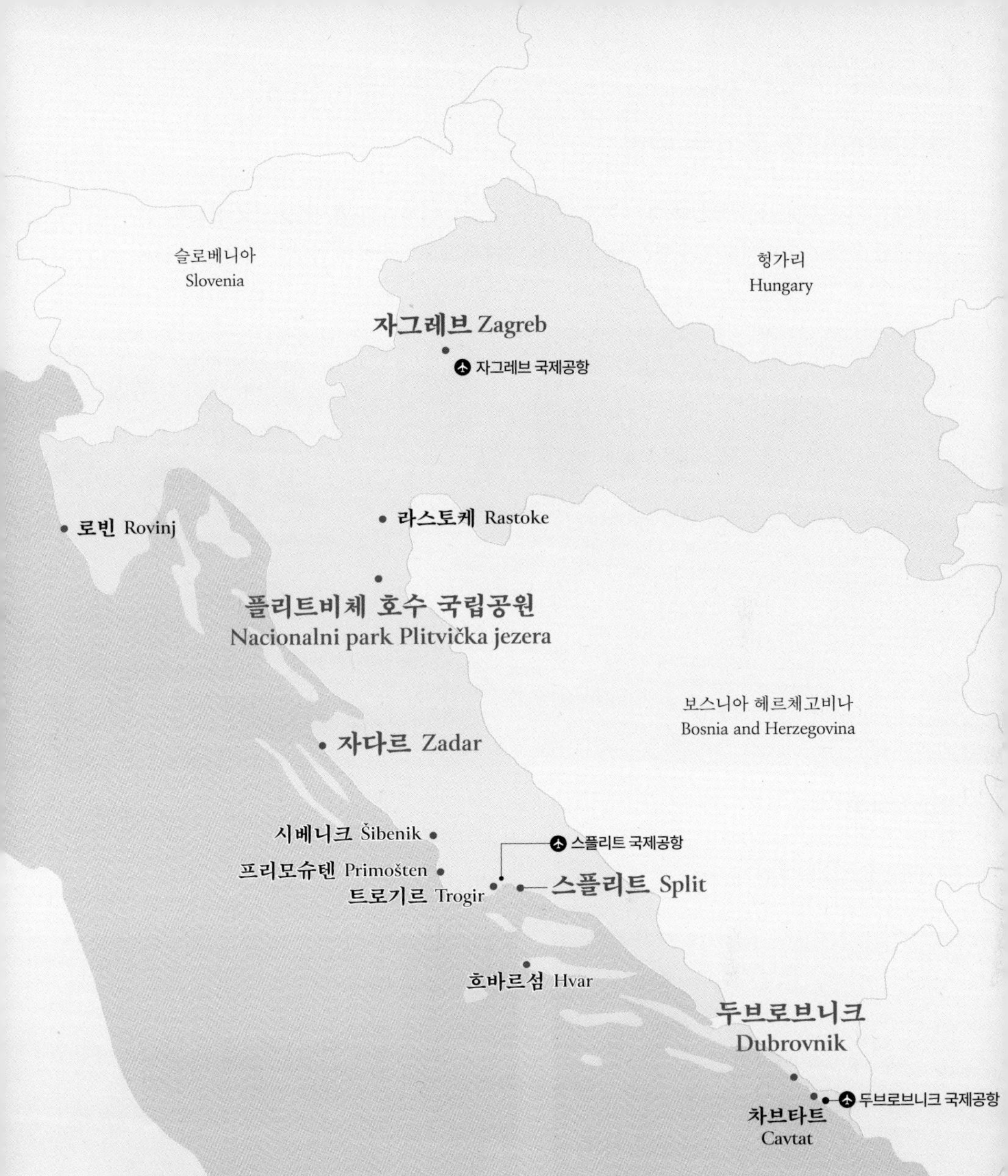

슬로베니아
Slovenia

헝가리
Hungary

자그레브 Zagreb
✈ 자그레브 국제공항

• 로빈 Rovinj

• 라스토케 Rastoke

플리트비체 호수 국립공원
Nacionalni park Plitvička jezera

보스니아 헤르체고비나
Bosnia and Herzegovina

• 자다르 Zadar

시베니크 Šibenik •
프리모슈텐 Primošten
트로기르 Trogir
✈ 스플리트 국제공항
• 스플리트 Split

• 흐바르섬 Hvar

두브로브니크
Dubrovnik
✈ 두브로브니크 국제공항
차브타트
Cavtat

차브타트 Cavtat
딱히 무엇을 하지 않아도 여유를 누리기 좋은
조용한 바다 마을. 두브로브니크의 인파에
치였다면 시내버스를 타고 훌쩍 다녀오기 좋다.
이동하는 동안 차창 밖으로 보이는 풍경도
아름답다.

Croatia Highlights

크로아티아를 즐기는 방법 7

느긋하고 여유롭게 여행하기 딱 좋은 크로아티아. 수많은 여행자의 위시리스트로 꼽히는 그곳에선 무엇이 기다리고 있을까? 잔잔한 일정 속에서 크로아티아의 다양한 매력을 만날 수 있는 방법을 알아본다.

Highlight ❶
요새의 도시 두브로브니크에서
구시가를 둘러싼 성벽 걷기 p.198

Highlight ❷
자연과 인간의 협주,
자다르의 바다 오르간 p.124과 태양의 인사 p.125

Highlight ❸
스플리트의 근교 소도시, 주변 섬에서
아드리아해 만끽하기
☞ 흐바르섬 p.242, 트로기르 p.248, 시베니크 p.254

Highlight ❹
이스트라반도의 낭만적인 소도시
로빈에서 보트 투어 p.237

Highlight ❺
요정이 살 것 같은 플리트비체 호수 국립공원 하이킹 p.102

Highlight ❻
옛 모습을 온전히 간직한
오래된 골목길 걷기

Highlight ❼
내륙과 바다를 아우르는
크로아티아 전통 요리 맛보기

Local Food

로컬 요리, 자연이 선물한 풍성한 식탁

자그레브로 대표되는 내륙 지역과 달마티아로 대표되는 해안 지역의 음식 문화는 많이 다르지만, 그 지역에서 생산하는 식재료를 주로 사용한다는 점에선 닮았다. 내륙 지역의 전통 요리는 이웃한 오스트리아, 체코, 헝가리 요리와 비슷하다. 해안 지역에선 갓 잡아 올린 싱싱한 해산물 본연의 맛을 살리기 위해 단순하게 조리한다. 소박하되 섬세한 크로아티아의 미식은 새로운 도시로 이동할 때마다 만나는 또 다른 즐거움이다.

송로버섯 요리 Truffles

송로버섯은 이스트라반도를 대표하는 특산물로, 크로아티아 어딜 가나 한국보다 저렴한 가격에 송로버섯 요리를 즐길 수 있다. 오믈렛, 피자, 파스타, 리소토, 생선구이 등 다양한 요리에 송로버섯을 더해 먹고 페이스트, 오일 등으로도 즐긴다.

슈트루클리 Štruklji

자그레브와 근교에서 맛볼 수 있는 전통 음식이다. 얇게 편 밀가루 반죽 위에 사워크림, 코티지치즈, 달걀, 소금을 섞어 만든 크림을 펴 바르는 과정을 여러 번 반복해 어느 정도 두께가 되면 돌돌 말아 굽거나 찐다. 말지 않고 사각형 모양 그대로 먹기도 한다.

사르마 Sarma

내륙 지역에서 날이 쌀쌀해지면 많이 먹는다. 오스만 제국에서 유래했고 지방에 따라 재료와 조리법이 조금씩 다르다. 크로아티아에선 양배추에 다진 돼지고기와 쌀을 올린 후 돌돌 말아 찐다. 찐 양배추말이에 국물이 자작하게 또는 완전히 수프처럼 같이 나오곤 하는데 김칫국과 비슷한 맛이 난다.

자그레브 슈니첼 Zagrebački Odrezak

슈니첼은 독일, 오스트리아 등에서 즐겨 먹는 육류 요리로 얇은 고기에 빵가루, 달걀 등을 묻혀 기름에 굽거나 튀겨낸다. 자그레브 슈니첼은 주로 송아지고기에 햄과 치즈를 얹어 돌돌 만 후 빵가루를 묻혀 튀긴다.

체바피 Ćevapi

크로아티아, 보스니아 헤르체고비나, 슬로베니아, 몬테네그로, 세르비아 등에서 즐겨 먹는다. 다진 고기를 원통 모양으로 만들어 구운 후 다진 양파를 곁들이는 게 기본. 납작한 모양의 그리스 빵 피타(Pita)와 같이 먹거나 빵을 반으로 갈라 안에 체바피, 다진 양파, 소스를 넣어 샌드위치처럼 먹기도 한다.

문어 샐러드 Salata od Hobotnice

해안 도시 어딜 가든 쉽게 접할 수 있다. 살짝 데친 문어는 식감이 쫄깃쫄깃한 우리나라 문어와 달리 포크로도 쓱 잘릴 정도로 부드럽다. 무거운 드레싱 없이 올리브유와 식초만 살짝 뿌려 먹는다.

오징어먹물 리소토 Crno Rižoto

지중해 전역에서 쉽게 접할 수 있는 음식. 신선한 오징어먹물을 사용하면 비리지 않고 고소하다. 오징어가 매우 부드럽고 쌀은 덜 익은 듯 살짝 서걱서걱하지만 거슬리는 정도는 아니다.

부자루 Buzaru

해안 도시에서 즐겨 먹으며 주로 새우, 홍합이 들어간다. 화이트 와인과 파슬리, 마늘을 듬뿍 넣고 졸여내는 음식으로 양이 꽤 많아 두 사람 이상 갔을 때 주문하는 게 좋다.

생선구이 Pečena Riba

송어, 참치, 아귀, 대구, 농어 등 다양한 생선을 구워 먹는다. 내륙 지역에선 송어를 통째로 화덕에 구워 먹는다. 해안 지역에선 굽는 방식을 달리하거나 소스를 더하기도 한다. 근대를 곁들인 농어구이는 달마티아 지역의 전통 음식이다. 참치는 스테이크처럼 굽는다.

Desserts

빵과 디저트, 식사의 시작과 끝

크로아티아의 외식 물가는 우리나라와 비슷하거나 조금
비싸지만 빵과 디저트는 저렴하고 맛있다.

부렉 Burek
크로아티아뿐만 아니라 보스니아 헤르체고비나, 슬로베니아
등 이웃 나라에서도 즐겨 먹는 빵의 한 종류. 어느 도시의
빵집에 가든 쉽게 볼 수 있다. 얇고 바삭한 페이스트리 안에 다진
고기를 채워 넣은 스타일이 기본이고 치즈, 으깬 감자 등을 넣기도
한다. 손으로 집었을 때 살짝 기름이 묻어난다. 전통 음식점에서는
긴 반죽을 커다랗게 돌돌 만 부렉을 1인분씩 잘라서 판다.

체리 슈트루델 cherry strudel
얇고 바삭한 피 속에 설탕에 졸인 체리가 가득 든 빵이다. 체리는
살짝만 졸이기 때문에 새콤함과 식감이 잘 살아 있다. 간식이
먹고 싶다고 하면 할머니가 뚝딱 만들어주는, 크로아티아의
가정에서 가장 익숙한 빵이다. 졸인 사과를 넣은 슈트루델도
인기가 많다. 빵집에서 부렉만큼 흔하게 볼 수 있다.

로자타 Rožata
달마티아 지역의 전통 디저트로 두브로브니크에서
특히 많이 먹는다. 진한 커스터드 크림이 들어간
푸딩에 캐러멜 소스를 뿌려 낸다.

크림케이크 Kremšnita
겹겹이 쌓은 바삭한 페이스트리 사이에 부드러운
크림이 듬뿍 들어간 크림케이크는 크로아티아와
슬로베니아를 대표하는 디저트 중 하나다.
크로아티아에선 자그레브 근교의 작은 마을
사모보르(Samobor)의 크림케이크가 원조라고
알려져 있다.

National Drink 01

맥주, 크로아티아에서만 맛보는 청량함

크로아티아의 맥주는 한국에 수입되지 않는 것은 물론 유럽의 다른 국가에서도 맛보기 힘들다. 크로아티아에서 소비되는 맥주의 90%는 본국에서 생산할 정도로 크로아티아 사람들의 자국 맥주 사랑은 대단하다. 음식점에서는 생맥주보다는 병맥주를 주로 판매하며, 최근엔 소규모 양조장에서 만드는 수제 맥주도 많이 늘었다.

오주이스코 Ožujsko
크로아티아에서 가장 사랑받는 맥주를 꼽으라면 단연 오주이스코다. 크로아티아 맥주 소비량의 40%를 차지하며 음식점, 슈퍼마켓 어딜 가나 쉽게 볼 수 있다. 양조장은 자그레브에 위치하며 1893년부터 생산했다. 토미슬라브(Tomislav)라는 브랜드의 흑맥주도 있다.

카를로바치코 Karlovačko
오주이스코와 쌍벽을 이룰 정도로 큰 사랑을 받는 맥주. 슈퍼마켓에 가면 황금색 라벨의 오주이스코와 붉은색 라벨의 카를로바치코가 나란히 진열된 모습을 볼 수 있다. 카를로바치코를 생산하는 양조장은 자그레브와 플리트비체 호수 국립공원의 중간 지점에 위치한 도시 카를로바츠(Karlovac)에 있다. 현재는 다국적 기업 하이네켄 크로아티아에서 운영한다.

판 Pan
오주이스코, 카를로바치코만큼 쉽게 접할 수 있다. 다국적 기업 칼스버그 크로아티아에서 생산하며 라벨은 초록색이다. 똑같이 라거 계열이지만 앞의 두 맥주보다 묵직하고 진한 맛이 특징.

산 세르볼로 San Servolo
이스트라반도의 작은 마을 부제트(Buzet)의 양조장에서 크로아티아 수제 맥주 시장에 조용한 혁명을 불러일으켰다. 지금은 크로아티아 전역에서 마실 수 있게 되었지만 쉽게 찾아보기 힘드니 슈퍼마켓이나 음식점에서 발견한다면 놓치지 말자.

National Drink 02

와인, 지역 와인과 음식을 페어링하는 즐거움

크로아티아에는 2만 개가 넘는 와이너리가 있고 재배하는 포도 품종은 60여 종류, 와인은 800여 종을 생산한다. 크로아티아 와인은 자국 맥주와 마찬가지로 대부분 크로아티아 국내에서 소비되므로 도시들을 여행하며 다양한 지역 와인을 마셔보길 권한다.

딩가치 Dingač

크로아티아를 대표하는 레드 와인으로 당나귀가 그려진 라벨로 잘 알려져 있다. 딩가치 와이너리는 달마티아 지역의 남부 펠레샤츠(Pelješac) 반도에 있으며, 달마티아 지역에서 주로 생산되는 포도인 플라바츠 말리(Plavac Mali) 품종으로 만든다. 크로아티아 법으로 인정하는 최고 품질의 와인이다.

포스투프 Postup

딩가치에 이어 최고 품질의 와인으로 인정받은 포스투프는 알코올 도수 17° 정도로 일반적인 레드 와인보다 높다. 역시나 펠레샤츠 반도에서 주로 생산되며 플라바츠 말리 품종으로 만든다. 딩가치가 대중적이라면 포스투프는 고가에 속하는 편이다.

포시프 Pošip

크로아티아를 대표하는 화이트 와인이다. 달마티아 해안의 흐바르섬과 코르출라섬(Korčula)이 주 생산지지만 펠레샤츠 반도에서도 생산된다. 화이트 와인 중에서는 드라이하고 묵직한 편에 속하며 달마티아 지역의 음식과 완벽한 궁합을 자랑한다.

Tips. 크로아티아의 와인 생산지

이웃나라 이탈리아와 토질이 비슷한 크로아티아 땅에선 예부터 포도가 굉장히 잘 자라 기원전 3세기부터 와인을 생산해왔다. 내륙과 해안 지역 모두 와인을 생산하며 화이트 와인이 전체 생산량의 70% 정도 된다. 와인 생산지는 자그레브가 속한 크로아티안 업랜드(Croatian Uplands), 자그레브 동쪽의 슬라보니아와 다뉴브(Slavonia and Danube), 이스트라반도와 크바르네르(Istra and Kvarner), 달마티아 4개의 지역으로 구분한다.

National Drink 03
음료, 고도주와 생수 브랜드

크로아티아에도 물론 독주가 있다. 라키야는 크로아티아뿐만 아니라 슬로베니아, 보스니아 헤르체고비나, 몬테네그로, 세르비아, 루마니아, 불가리아 등 동유럽 전역에서 즐겨 마시는 고도수의 전통주다. 유럽 다른 나라와 마찬가지로 크로아티아에서도 생수(Still Water)와 탄산수(Sparkling Water)를 함께 마시니 미리 알아두자.

라키야 Rakija

발효된 과일로 만든 증류주. 크로아티아에선 주로 식전에 말린 무화과와 함께 라키야를 마신다. 시판 제품의 알코올 도수는 보통 40° 정도 되고 집에서 만드는 라키야의 알코올 도수는 50~60°로 굉장히 독하다. 크로아티아 내에서도 지역에 따라 각각 다른 과일을 사용해 라키야를 만든다. 슬라보니아 지역의 자두 브랜디인 슬리보비츠(Šljivovica)가 가장 널리 알려져 있다. 자두 외에도 배, 무화과, 호두, 라벤더, 체리, 꿀 등 다양한 재료로 라키야를 만들며 노천 시장이나 기념품점에서 쉽게 구할 수 있다.

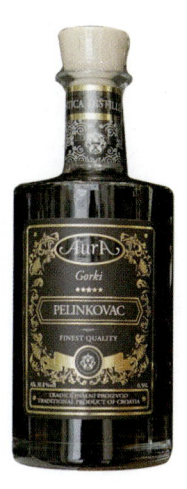

생수

크로아티아에서 가장 많이 팔리는 생수 브랜드는 야나(Jana). 가격은 크로아티아의 다른 생수보다 약간 비싸지만 에비앙처럼 한국에도 수입되는 브랜드의 생수보다는 저렴하다. 슈퍼마켓 진열대에는 대부분 생수와 탄산수가 나란히 놓여 있는데, 생수 라벨엔 네가지라나(Negazirana/Non-Carbonated), 탄산수엔 가지라나 보다(Gazirana Voda/Carbonated)라고 쓰여 있다. 참고로 음식점에서 무료로 주는 물은 대부분 수돗물이며 생수는 따로 주문해야 한다.

> **Tips. 생수, 사서 마실까?**
>
> 크로아티아 사람들에게 수돗물을 마셔도 되냐고 물으면 백이면 백 아무 문제없다고 대답한다. 실제로 크로아티아의 자연환경을 접하면 수돗물을 마시는 데 거부감이 들지 않을지도 모른다. 하지만 크로아티아 수돗물에는 석회질 성분이 많이 함유되어 있으므로 물갈이가 걱정된다면 생수를 사 먹는 게 좋다.

Croatian Souvenirs

기념품, 여행을 추억하는 선물

크로아티아에선 '한국에서 비싸게 파는 브랜드의 제품을 싸게 사는' 쇼핑의 맛은 느낄 수 없지만 크로아티아의 색이 듬뿍 담긴 기념품은 구경하는 재미가 쏠쏠하다. 하나둘 담다 보면 어느새 수하물의 무게를 걱정해야 할 상황이 올지도?

레이스 제품

크로아티아의 수공예품 중 특히 유명한 건 레이스. 15세기에 두브로브니크의 의회 회의록에 언급되었을 정도로 그 역사가 깊고 2009년엔 유네스코 인류무형문화유산으로 등재되었다.

다양한 수공예품

모자나 신발 등 양모 펠트 제품, 하트 모양의 전통 과자에서 모티프를 따온 기념품 리치타르(Licitar) 등도 크로아티아를 대표하는 수공예품이다. 전통 수공예품이 아니더라도 스플리트의 리바 거리, 로빈의 그리시아 거리에선 지역 예술가가 만든 단 하나뿐인 기념품을 살 수 있다.

라벤더 제품

크로아티아는 유럽 최대의 라벤더 산지다. 화장품, 오일, 차, 향주머니 등 라벤더로 만든 제품은 품질이 훌륭하고 가격도 저렴하다. 현재는 재배 면적이 많이 줄어들었으나 흐바르섬은 크로아티아를 대표하는 라벤더 산지다. 흐바르섬 또는 흐바르섬에서 가까운 스플리트가 라벤더 제품을 쇼핑하기에 가장 좋다. 자그레브는 가격은 저렴하나 종류가 다양하지 않고 두브로브니크에선 같은 제품도 가격이 더 비싸다.

식료품

송로버섯 가공식품, 차, 향신료, 치즈 등 질 좋은 식료품을 한국보다 싸게 구매할 수 있다. 특히 송로버섯 가공식품이 많이 저렴하다. 송로버섯을 넣은 올리브유, 페이스트, 감자 칩이 우리나라 여행자에게 인기가 많다. 다만 노천 시장에서 파는 치즈처럼 밀봉되지 않고 성분 표기가 없는 유제품은 국내 반입이 불가능하다.

와인과 유리병 제품

크로아티아 와인은 우리나라에 수입이 안 되기 때문에 기념품으로 인기다. 와인, 올리브유, 꿀 등 유리병에 든 제품이 많기 때문에 에어 캡을 챙겨가면 유용하게 쓸 수 있다.

> **Tips. 택스 리펀드를 받자**
> 택스 리펀드가 가능하다는 안내문이 있는 매장에 한해 한 매장에서 €100 이상 구매한 영수증이 있으면 받을 수 있다. 직항이나 카타르 항공 등 중동계 항공사를 이용했다면 자그레브 공항에서, 에어프랑스 등 EU 국가를 경유하는 항공사를 이용했다면 환승하는 공항에서 택스 리펀드를 받는다.
> ↗ www.globalblue.com/ko/shoppers/how-to-shop-tax-free/destinations/croatia

> **Tips. 식료품 쇼핑은 시내에서!**
> 자그레브 공항 면세점에서도 크로아티아 특산품을 다양하게 판매한다. 하지만 송로버섯 가공식품, 꿀, 와인은 같은 제품이라도 시내 슈퍼마켓이나 시장보다 두 배 이상 비싸기 때문에 식료품 쇼핑은 시내에서 하는 게 이득이다. 두브로브니크 공항 면세점은 규모가 작아 제품군이 다양하지 않다.

Shopping List

쇼핑 리스트, 우리 모두를 위한 즐거움

직접 고르고 구입한 기념품은 여행의 기억을 오래도록 간직하게 하고, 받는 이에게는 여행을 꿈꾸게 한다. 크로아티아 곳곳을 누비며 선택한 쇼핑 리스트를 모아보았다.

- ① **우예 셀렉션 와일드플라워 허니**: €7.3(240g), 스플리트 우예 p.176
- ② **크라슈 밀크 초콜릿**: €1~2, 슈퍼마켓
- ③ **나달리나 초콜릿**: €3, 스플리트 나달리나 초콜릿 p.177
- ④ **오렌지 필**: €2.6, 스플리트 노천 시장 p.175
- ⑤ **콘줌 자체 제작 캐모마일 티**: €2.29, 슈퍼마켓 콘줌
- ⑥ **크라슈 오렌지 젤리가 들어간 초콜릿 파이**: €1~1.5, 슈퍼마켓
- ⑦ **라스타 무화과 파이**: €1~2, 슈퍼마켓
- ⑧ **크라슈 초콜릿 웨하스**: €2.5~3, 슈퍼마켓
- ⑨ **리오 참치 토마토 스프레드**: €3.5~4, 슈퍼마켓
- ⑩ **아우라 전통주**: €4(50㎖), 아우라 스플리트 p.177
- ⑪ **마라스키노**: €4(100㎖), 자다르 기념품점
- ⑫ **올리브유**: €15~17, 슈퍼마켓
- ⑬ **아우라 전통주**: €11(200㎖), 아우라 스플리트 p.177
- ⑭ **송로버섯 오일**: €8.5~10, 슈퍼마켓
- ⑮ **포시프 와인**: €15~20, 슈퍼마켓

- ⑯ **코스터**: (왼쪽) €1.4/(오른쪽) €2.8, 두브로브니크 바찬 p.224
- ⑰ **라벤더 포푸리**: €1.5, 스플리트 노천 시장 p.175
- ⑱ **라벤더 오일**: €2, 스플리트 노천 시장 p.175
- ⑲ **장미 크림**: €16.01, 두브로브니크 말라 브라차 약국 p.224
- ⑳ **전통 자수 파우치**: €10.35, 스플리트 기념품점
- ㉑ **리치타르 문양 종**: €5, 자다르 기념품점
- ㉒ **동물 장식품**: €10.46, 플리트비체 호수 국립공원 내부 매점
- ㉓ **마그넷**: €3.78, 플리트비체 호수 국립공원 내부 매점
- ㉔ **크로아티아 마그넷**: €9, 자그레브 기념품점
- ㉕ **두브로브니크 마그넷 1**: €2.5, 두브로브니크 기념품점
- ㉖ **자그레브 마그넷**: €4.5, 자그레브 기념품점
- ㉗ **크로아티아 문양 마그넷**: €4, 스플리트 디오클레티아누스 궁전 지하 기념품점 p.159
- ㉘ **두브로브니크 마그넷 2**: €4.2, 두브로브니크 기념품점
- ㉙ **크로아티아 국기 마그넷**: €3.5, 스플리트 노천 시장 p.175
- ㉚ **스플리트 마그넷 1**: €4, 스플리트 기념품점
- ㉛ **스플리트 마그넷 2**: €4, 스플리트 기념품점
- ㉜ **자다르 마그넷**: €3.3, 자다르 기념품점
- ㉝ **전통 복장 마그넷**: 각 €3.98, 스플리트 기념품점

Grocery Shopping

슈퍼마켓, 일상을 구경하는 재미가 쏠쏠

어느 나라를 가든 현지인의 일상을 가장 가까이서 엿볼 수 있는 공간으로 슈퍼마켓만 한 곳이 없다. 크로아티아에는 취사 가능한 숙소가 많아 슈퍼마켓을 방문할 일이 잦고, 규모가 큰 매장은 여행자가 즐겨 찾는 상품을 따로 모아놓은 매대도 마련되어 있다.

추천 체인 상점

콘줌 KONZUM
아무리 작은 도시를 가도 하나쯤은 꼭 있는 크로아티아의 '국민 마트'. 대기업이라 품질 관리가 잘되고 자체 제작 상품의 질이 좋다. 자그레브의 쇼핑몰 슈페르노바 츠브예트니p.85 지하 1층 지점과 두브로브니크 버스 터미널 옆 지점의 규모가 크다.

스파르 SPAR
자체 제작 상품의 품질이 좋고 깔끔하다. 콘줌보다 매장 수는 적지만 시내 중심가에 있으면서도 매장 규모가 큰 편이다. 자그레브의 트칼치체바 거리 지점과 자다르 버스 터미널 맞은편 지점, 스플리트의 디오클레티아누스 궁전p.154 내 지점을 추천한다.

데엠 DM
슈퍼마켓은 아니지만 시내 중심에서 자주 눈에 띄는 드러그스토어 체인이다. 한국과 마찬가지로 화장품, 건강식품, 위생용품 등을 주로 판매한다. 식료품 종수는 적으며 유기농 제품 위주로 판매한다. 자그레브 일리차 거리p.77 지점, 스플리트 버스 터미널 앞 지점이 접근성이 좋다.

뮐러 Müller
데엠과 마찬가지로 드러그스토어 체인. 화장품, 건강식품, 위생용품을 위시하여 장난감, 주방용품 등 다양한 제품을 판매한다. 자그레브의 반 옐라치치 광장p.72 지점은 지하 1층, 지상 4층 규모로 상당히 크다. 로빈 버스 터미널 맞은편에도 매장이 있다.

알아두면 유용한 슈퍼마켓 이용법

과일, 채소 구매 방법
· 가격표에는 과일과 채소의 종류, 상품 고유번호, 1kg당 가격이 적혀 있다. 사진 속 사과의 고유번호는 4, 1kg당 가격은 €1.29다.
· 먼저 사과를 저울에 올린 다음 고유번호 4를 누르면 바코드 스티커가 인쇄된다.
· 스파르에서 사용하는 저울은 상품을 올린 후 고유번호를 입력하고 빨간색 프린트 버튼까지 눌러야 바코드 스티커가 인쇄된다.
· 규모가 작은 매장은 과일, 채소 코너에 저울이 없다. 계산대의 점원이 무게를 직접 잰다.

빵 구매 방법
· 빵 코너에는 빵을 담을 봉투, 집게, 일회용 장갑 등이 준비되어 있다.
· 가격표에는 빵 종류, 상품 고유번호, 개당 가격이 적혀 있다. 사진 속 빵의 고유번호는 371이다.
· 먼저 빵 고유번호를 누른 뒤 개수를 입력하고, 빨간색 프린트 버튼을 누르면 바코드 스티커가 인쇄된다.

무인 계산대 이용법
· 규모가 큰 매장은 무인 계산대를 이용할 수 있다. 영어 지원이 되며 이용 방법은 우리나라와 동일하다.
· 비닐 봉투는 유료다.

주요 도시의 한인 마트

코리안 마트 Korean Mart
자그레브의 추천 한인 마트
식료품뿐 아니라 기념품으로 좋은 송로버섯 제품을 저렴하게 구매할 수 있다.

· Stjepana Širole 8 / 자그레브 버스 터미널에서 도보 10분
· 월~금요일 09:00~19:30, 토요일 10:00~19:00
· 일요일·공휴일 / kims-kitchen.hr / zagreb_korean_mart / 한인 마트 자그레브 / p.69-F3

아시안 푸드 마켓-아시안 스파이스
ASIAN FOOD MARKET-Asian Spice
스플리트에선 직접 아시안 요리를!
우리나라 식료품은 물론 일본, 태국 등 다양한 국가의 제품을 판매한다.

· Sinjska ul. 7 / 열주 광장에서 도보 5분 / 08:00~21:00
· asianspice.eu/en / asianspice_split / asian spice Split / p.149-E1

History of Croatia

연표로 보는 크로아티아 역사

바닷길로 유럽과 아시아를 오갈 때, 뭍길로 서유럽과 동유럽을 오갈 때 크로아티아는 중간 기착지로 최적의 위치. 그 지리적 이점이 복잡다단한 역사를 만들어낸 것은 당연한 일. 다양한 나라와 민족의 부침 속에서도 단단하게 뿌리내린 크로아티아의 역사를 살펴본다.

기원전 8세기
그리스인들이 아드리아해 연안에 식민 도시 건설.

기원전 2세기~기원후 4세기
로마 제국의 지배, 해안 지역은 달마티아 속주, 내륙 지역은 판노니아 속주로 불림.
(Pick) 자다르-포럼 p.130

305년
로마 황제 디오클레티아누스가 자신의 고향 근처의 바닷가 마을에 여생을 보낼 궁전 완공.
(Pick) 스플리트-디오클레티아누스 궁전 p.154

476년(서로마 제국 멸망)~7세기
게르만족의 침공, 동로마 제국의 지배 등 혼란스러운 시기.

7세기 초
슬라브족, 즉 크로아티아인이 현재의 크로아티아 영토에 정착.

7~9세기경
달마티아 지방에 크로아티아 공국, 내륙 지방에 판노니아 공국 성립.

10세기 초
자다르 근교 작은 마을 닌(Nin)에 크로아티아 최초의 로마 가톨릭 교구 성립.
(Pick) 스플리트-닌의 그레고리우스 동상 p.163

925년
닌의 공작 토미슬라브가 크로아티아 초대 국왕으로 등극하며 크로아티아 왕국 성립.
(Pick) 자그레브-토미슬라브 광장 p.75

1058~1075년
크로아티아 왕국의 전성기, 시베니크, 스크라딘(Skradin) 등의 도시 건설.

1094년
교황청이 자그레브를 주교구로 인정.
(Pick) 자그레브-자그레브 대성당 p.74

1102년
왕위 계승자의 부재로 헝가리와 동군연합 관계 수립.

11~15세기
아드리아해 연안 도시들이 베네치아 공화국의 지배를 받음.
(Pick) 자다르-바다의 문, 육지의 문 p.128

1526~1918년
오스만 제국의 위협에 직면한 크로아티아 의회가 합스부르크 왕가의 페르디난트 1세를 국왕으로 선출하며 제1차 세계 대전 종식 때까지 오스트리아-헝가리 제국의 지배를 받음.

1918년
세르비아 왕조 중심의 통합 국가인 유고슬라비아 왕국에 합류.

1945년 이후
크로아티아 사회주의 공화국으로서 유고슬라비아 사회주의 연방 공화국으로 통합.

1991년
슬로베니아와 함께 독립 선언. 3월 1일 크로아티아 독립 전쟁 발발. 12월 6일 유고 인민군의 두브로브니크 대공습.
(Pick) 두브로브니크 구시가 전체

1995년
11월 12일 크로아티아 독립 전쟁 종료.

2013년
EU 가입.

2023년
유로 사용 시작, 셍겐 협정 가입.

Plan Your Trip
크로아티아 여행 일정 짜기

여행 동선은 북에서 남으로!

- 크로아티아만 여행한다면 북쪽의 자그레브에서 시작해 남쪽의 두브로브니크에서 일정을 마치는 게 일반적이다.

시간을 아껴주는 국내 항공편

- 귀국 항공편을 타기 위해 두브로브니크에서 자그레브로 갈 때는 크로아티아항공의 국내선을 이용한다.
- 일정 중 비행기로 이동하는 날(인천-자그레브, 자그레브-두브로브니크)은 연착 같은 변수를 고려해 일정을 여유 있게 잡는다.

성수기, 어떻게 여행할 것인가

- 크로아티아는 여행 성수기(6월 중순~9월 중순)와 비수기(11~3월)의 차이가 확연한 나라다. 성수기에는 숙박비, 관광지 입장료 등이 오르지만 어느 도시를 가든 다양한 이벤트가 열리고 활기찬 분위기를 느낄 수 있다.
- 성수기에 여행할 예정이라면 아무리 늦어도 출발 3개월 전에는 숙소와 교통편 예약을 끝내놓자.

비수기, 어떤 점이 다른가

- 비수기엔 여행 물가가 저렴해지는 대신 휴양지와 소도시의 숙소, 음식점, 기념품점 등은 영업하지 않는 곳도 많아 휑한 분위기를 풍기곤 한다.
- 플리트비체 호수 국립공원은 11~3월까지 폐쇄하는 하이킹 구간이 많다.

하나의 도시, 시간 배분을 어떻게 할 것인가

- 크로아티아 거의 모든 도시의 주요 볼거리는 자그마한 구시가에 모여 있어 서두른다면 3~4시간이면 둘러볼 수 있다. 따라서 렌터카 여행자는 마음만 먹으면 하루에 두세 곳의 도시를 묶어서 여행하는 것도 가능하다.

Course Map 01

크로아티아 핵심 도시, 6박 7일 코스

크로아티아의 내륙 지역부터 해안 지역까지 하이라이트를 짧은 시간에 효율적으로 둘러볼 수 있는 일정이다. 크로아티아에 처음 가는 사람, 장기 유럽 여행 중간에 크로아티아 일정을 넣는 사람 모두에게 좋은 선택지다.

DAY 1
인천→자그레브
· 직항 또는 유럽이나 중동 경유
· 자그레브 도착 후 휴식

DAY 2
자그레브→플리트비체 호수 국립공원
· 장거리 버스로 오전 이동 후 관광

Tips.
가능하면 자그레브에서 아침 일찍 출발하자. 렌터카로 이동한다면 플리트비체 호수 국립공원 방문 전에 라스토케에 들러도 좋다. 버스를 타고 이동하는 여행자는 성수기에 버스 출발 시간만 잘 맞춘다면 이날 라스토케를 둘러볼 수 있다.

DAY 3
플리트비체 호수 국립공원→스플리트
· 장거리 버스로 오전 이동 후 시내 관광

DAY 4
스플리트→두브로브니크
· 장거리 버스로 오후 이동
· 두브로브니크 도착 후 휴식

DAY 5
두브로브니크
· 시내 관광

DAY 6
두브로브니크→자그레브
· 국내선 항공편으로 오전 이동
· 자그레브 도착 후 휴식

Tips.
일정 초반에 자그레브 관광을 하지 못했다면 오전에 자그레브로 돌아가는 일정을 짜자. 슈퍼마켓 쇼핑은 마지막 도시인 자그레브에서 하는 걸 추천!

DAY 7
자그레브→인천
· 직항 또는 유럽이나 중동 경유 귀국

Course Map 02

소도시까지 꼼꼼하게, 13박 14일 코스

해가 긴 성수기에 추천하는 일정이다. 소도시는 스플리트, 두브로브니크 등 거점 도시에 머물며 다녀올 수 있다. 이동이 많지만 도시 하나하나에서 보내는 시간 자체는 여유롭다.

DAY 1 인천→자그레브
- 직항 또는 유럽이나 중동 경유
- 자그레브 도착 후 휴식

DAY 2 자그레브→라스토케
- 장거리 버스로 오전 이동 후 관광

DAY 3 라스토케→플리트비체 호수 국립공원
- 장거리 버스로 오전 이동 후 관광

DAY 4 플리트비체 호수 국립공원→자다르
- 장거리 버스로 오전 이동 후 관광

DAY 5 자다르→스플리트
- 장거리 버스로 오전 이동 후 관광

DAY 6 스플리트
- 시내 관광

DAY 7 스플리트 근교 소도시
- 트로기르, 프리모슈텐 또는 시베니크 당일치기 여행

DAY 8 투어 프로그램
- 푸른 동굴, 아일랜드 호핑 등 참여

DAY 9 스플리트→흐바르섬
- 쾌속선으로 오전 이동 후 관광

DAY 10 흐바르섬→두브로브니크
- 점심시간 이후 쾌속선으로 이동 후 휴식

> **Tips.**
> 흐바르섬에서 두브로브니크로 바로 가는 쾌속선은 성수기에만 운항한다. 비수기엔 흐바르섬에서 스플리트까지 쾌속선으로 이동 후 스플리트에서 두브로브니크까지는 장거리 버스로 이동한다.

DAY 11 두브로브니크
- 시내 관광

DAY 12 두브로브니크 근교 소도시
- 차브타트 또는 로크룸섬 당일치기 여행

DAY 13 두브로브니크→자그레브
- 국내선 항공편으로 이동 후 휴식

DAY 14 자그레브→인천
- 직항 또는 유럽이나 중동 경유 귀국

Part 02

수도에서
시작하는 여행
자그레브

Zagreb

Intro

우리가 자그레브에 가야 하는 이유

아드리아해의 푸른 물결과 적갈색 지붕이 어우러진 시원한 풍경을 기대한 여행자에게 자그레브는 다소 심심한 도시일지 모른다. 하지만 반나절만 걸어보면 한 나라의 수도가 가진 우아함과 휴양지에서는 느낄 수 없는 소박함을 만나게 된다.

크로아티아 북부 내륙에 위치한 자그레브는 아드리아해 연안의 자다르나 두브로브니크처럼 교통의 요지이자 전략의 요충지로 성장한 도시와는 다른 길을 걸어왔다. 자그레브의 역사는 중세 시대로 거슬러 올라간다. 대성당이 위치한 동쪽 성직자 마을 캅톨(Kaptol)과 북서쪽 요새 마을 그라데츠(Gradec)로 나뉘어 있던 두 지역이 합쳐져 지금의 구시가를 이룬 것. 성직자 마을이 따로 존재했던 데서 알 수 있듯 자그레브는 종교를 기반으로 발전했고, 크로아티아 왕국이 합스부르크 제국에 흡수된 16세기에 이르러 수도가 되었다.

자그레브는 크로아티아 여행의 시작과 끝 모두 들르기에 제격이다. 한 나라의 수도라기엔 아담한 규모라 긴 비행 후 도착하는 첫 도시로 부담이 덜하다. 대형 랜드마크가 없어 인파에 휩쓸리지 않고 유유자적할 수 있는 것도 장점. 남쪽 휴양지에 비해 물가가 저렴해 여행을 마무리하며 기념품을 사기에도 이만한 도시가 없다.

Tips. 자그레브 여행 안내소 Tourist Information Center Zagreb
반 옐라치치 광장, 로트르슈차크 탑 내부, 자그레브 국제공항 국제선 터미널에 위치하며 반 옐라치치 광장 안내소의 규모가 가장 크다.

반 옐라치치 광장 안내소
📍 Trg bana Josipa Jelačića 11
🚶 반 옐라치치 광장의 기마상에서 도보 1분
🕐 월~금요일 09:00~20:00, 주말·공휴일 10:00~18:00
✈ infozagreb.hr
📷 zagrebtourist
📖 p.68-C2

Map 01
자그레브 교통 지도

Access 01

자그레브로 이동하기: 항공

크로아티아의 수도이자 여행의 관문인 자그레브에선 국내외 이동 모두 편리하다. 우리나라 여행자는 주로 장거리 버스와 비행기를 이용해 자그레브를 오간다. 자그레브 국제공항은 자그레브 시내에서 남쪽으로 17km 떨어져 있다. 공항과 시내 사이는 공항 셔틀버스, 택시, 시내버스로 오갈 수 있다. 편의성, 접근성 등을 고려했을 때 시내버스는 추천하지 않는다.

자그레브 국제공항 Franjo Tuđman Airport Zagreb(ZAG)

크로아티아에서 제일 큰 공항이지만 국제선과 국내선이 같은 터미널을 사용할 만큼 규모는 작다. 2017년 새로 터미널을 증축해 시설은 깔끔하다. 그라운드 플로어(0층) 도착 로비엔 여행 안내소, 환전소, ATM, 렌터카 사무소, 매점, 카페가 있다. 공항에서 시내로 가는 대중교통은 그라운드 플로어(0층) 밖으로 나가면 탈 수 있다. 2층 출발 로비엔 크로아티아항공 등 항공사 사무소, 택스 리펀드 카운터, 환전소, ATM, 매점, 기념품점, 카페가 있다. ☞크로아티아로 입국하기p.273

♥ Ul. Rudolfa Fizira 21 ✈ zagreb-airport.hr 📖 p.69-F4

Tips. 알아두면 유용한 자그레브 국제공항 이용법

- 한국에서 유심이나 이심을 준비하지 못했다면 자그레브 국제공항 1·2층에 있는 매점 티삭(TISAK)을 이용하자. 티삭에서 구매한 유심 패키지 안에 유심 트레이를 꺼내는 뾰족한 도구가 없을 땐 그라운드 플로어(0층) 여행 안내소로 가면 도움을 준다.
- 시내의 렌터카 사무소는 번화가에서 떨어져 있으므로 렌터카로 이동할 계획이라면 공항에서 차를 수령하자. 자그레브의 숙소에 주차장이 없다면 자그레브 여행은 대중교통을 이용하고 다음 도시로 이동하기 전에 공항으로 돌아와 렌터카를 수령하는 방법도 고려해볼 만하다.
- 공항 규모에 비해 면세점은 잘 갖춰져 있다. 크로아티아의 특산품을 한자리에서 편하게 쇼핑할 수 있다는 것이 장점이다. 하지만 송로버섯 가공품, 꿀, 와인 등은 같은 제품이라도 시내 슈퍼마켓이나 시장보다 두 배 이상 비싸기 때문에 식료품 쇼핑은 시내에서 하는 게 이득이다.
- 자그레브 국제공항을 통해 크로아티아에서 출국한다면 택스 리펀드는 어디에서 처리해야 할까? 한국으로 바로 가는 직항, 중동계 항공사를 이용해 출국한다면 자그레브 국제공항에서, 프랑스, 독일, 네덜란드 등 EU 국가를 경유해 한국으로 돌아온다면 경유 공항에서 처리한다.

자그레브 국제공항 ↔ 크로아티아 국내

일정에 따라 자그레브에서 바로 두브로브니크로 갈 수도 있다. 장거리 버스를 타면 약 10시간 걸리고 비행기로는 1시간 정도 걸린다. 항공권을 예약할 땐 무조건 저렴한 요금을 선택하지 말고 위탁 수하물 포함 여부, 공항에서 시내로 이동할 교통수단 등을 고려하자. 크로아티아 국내선은 크로아티아항공에서만 운항하며 항공사 공식 홈페이지에서 예약하는 걸 추천한다.

✈ 크로아티아항공 croatiaairlines.com

자그레브 → 두브로브니크
✈ 하루 3회　⏳ 55분~1시간 5분　💰 €58~

자그레브 국제공항↔시내: 공항 셔틀버스

우리나라의 고속버스처럼 짐칸이 따로 있는 버스. 공항과 시내(자그레브 버스 터미널)를 오가는 가장 합리적인 방법으로, 플레소(pleso) 사에서 운행한다. 홈페이지에서 시간표를 확인할 수 있고 예약도 가능하지만 항공기 연착 같은 상황을 고려해 예약은 추천하지 않는다. 예약 없이도 여유롭게 탑승할 수 있다.

⏱ 30~40분   €8   🔗 plesoprijevoz.hr/zagreb

공항→자그레브 버스 터미널

자그레브 국제공항 그라운드 플로어(0층) 도착 로비 밖으로 나가면 바로 앞 주차장에 공항 셔틀버스 정류장이 있다. 예약했다면 탑승할 때 예약 내역을 보여주고, 예약하지 않았다면 바로 현금으로 요금을 지불한다.

🕐 월~금요일 06:00~18:00, 19:00~22:30, 토~일요일 06:00~22:30(배차 간격 30분에 1대, 도착하는 항공편 시간에 맞춰 추가 배차)

자그레브 버스 터미널→공항

공항행 셔틀버스 표는 자그레브 버스 터미널의 일반 장거리 버스 매표소가 아닌 1층에 따로 마련된 매표소에서 구매하거나 홈페이지에서 예약할 수 있다. 매표소 바로 앞에서 버스를 내리고 탄다.

🕐 04:00~21:00(배차 간격 30분~1시간에 1대)

자그레브 국제공항↔시내: 택시

공항 그라운드 플로어(0층) 도착 로비 밖에 있는 택시 정류장에서 탄다. 공항-버스 터미널, 공항-구시가 등 일부 구간은 고정 요금으로 운행하며 공항 홈페이지에서 요금표를 확인할 수 있다. 차량 공유 서비스인 우버(Uber)나 볼트(Bolt) 이용도 편리하며 고정 요금보다 저렴한 편이다.

⏱ 20~30분   💰 **택시** 버스 터미널 €28, 구시가 €33.5/**우버·볼트** 버스 터미널 €15~25, 구시가 €17~30

Access 02

자그레브로 이동하기: 장거리 버스

자그레브에서는 장거리 버스가 크로아티아 다른 도시나 인근 국가로 이동하기 편하다. 국내선은 다른 도시에서 자그레브로 들어오는 버스 노선보다 자그레브에서 다른 도시로 가는 노선이 훨씬 많다.

 장거리 버스
성수기에는 트래블링닷컴(traveling.com), 플릭스버스(FlixBus)의 홈페이지 또는 애플리케이션으로 미리 예약하는 걸 추천한다. 요금은 운행하는 회사, 시간대에 따라 다르다.
☞ 도시 간 이동하기: 장거리 버스 p.274
🖅 트래블링닷컴 traveling.com 🖅 플릭스버스 global.flixbus.com

자그레브 → 플리트비체 호수 국립공원
🚌 하루 7~15회 ⏱ 2시간~2시간 30분 💶 €12~17

자그레브 → 자다르
🚌 하루 20회 이상 ⏱ 3시간 30분~4시간 💶 €15~20

자그레브 → 스플리트
🚌 하루 25회 이상 ⏱ 5~7시간 💶 €20~30

Tips. 자그레브 버스 터미널 이용하기

자그레브 버스 터미널(Autobusni Kolodvor Zagreb) 1층에 승하차장, 2층에 매표소가 있다. 매표소 안쪽으로 들어가면 대합실이 나오고 대합실에 1층 승하차장으로 연결되는 계단이 있다.
버스를 탈 때는 버스표 또는 2층의 전광판에서 플랫폼 번호를 확인한 다음 자신이 탈 플랫폼 번호가 붙은 계단을 이용해 1층으로 내려가면 된다. 자그레브 버스 터미널은 플랫폼 번호가 401, 501, 601 등 세 자리 숫자로 되어 있다. 버스 터미널 홈페이지를 통해 시간표와 요금을 확인할 수 있고 예약도 가능하다.

📍 Avenija Marina Držića 4   ✈ akz.hr   🗺 p.69-E4

주요 시설

· 1층: 버스 승하차장, 유료 짐 보관소, 공항버스 매표소, 슈퍼마켓 콘줌(KONZUM), 베이커리 페카라 두브라비차(Pekara Dubravica)와 믈리나르(Mlinar), 드러그스토어 뮐러(Müller), 매점 티삭
· 2층: 매표소, 여행 안내소, 환전소, 우체국, 매점 티삭, 화장실(€0.5), 대합실, 카페

Tips. 버스 터미널의 유료 짐 보관소

106번 플랫폼 옆에 있다. 짐을 맡길 때는 여권 등 신분증이 꼭 필요하다. 짐을 맡기면 영수증을 발급해주는데, 짐을 찾을 때 영수증이 필요하므로 잃어버리지 않도록 주의하자.

🕐 06:00~22:00   💰 40kg 이하 짐 1개 1~4시간 €0.8, 이후 1시간에 €0.53 가산, 1일 최대 €5

버스 터미널에서 구시가까지: 트램, 택시, 도보

자그레브 버스 터미널은 시내 중심인 반 옐라치치 광장에서 2㎞ 정도 떨어져 있다. 6번 트램을 타면 반 옐라치치 광장까지 갈 수 있다. 트램 정류장은 터미널에서 나가 길을 건너면 바로 보인다. 교통권은 터미널 내 티삭에서 구매하는 게 좋다. 택시로는 약 10분, 도보로는 25~30분 걸린다.

🚶 츠르노메레츠(Črnomerec) 방향 6번 트램을 타고 다섯 번째 정류장(Trg bana J. Jelačića)에서 하차
🚶 약 15분   💰 가판대·매표소 구매 교통권 €0.53(30분 유효), 차내 구매 교통권 €0.8(30분 유효)/택시 €6~8

Access 03

자그레브로 이동하기: 열차

열차는 장거리 버스보다 운행 노선, 횟수 모두 현저히 적어 크로아티아 국내선, 국제선 모두 버스가 훨씬 더 편리하다.

열차
유레일 패스가 있다면 유레일 패스 홈페이지에서 예약하자. 자그레브로 들어오는 국제선은 출발하는 국가의 철도청 홈페이지 등에서, 자그레브에서 출발하는 노선은 크로아티아 철도청 홈페이지 시간표를 확인하고 예약할 수 있다.
◂ 크로아티아 철도청 hzpp.hr

자그레브-스플리트
🚌 하루 1회　⏱ 8시간
💰 €15.06

Tips. 자그레브 기차역 이용하기
자그레브 기차역(Glavni kolodvor)은 신시가 남쪽에 위치한다. 과거에 오리엔탈 특급열차가 정차했던 역으로 외관은 화려하지만 내부는 썰렁하다. 국내선과 국제선 매표소가 따로 있고 여행 안내소, ATM, 슈퍼마켓, 맥도날드 등 편의시설이 마련되어 있다. 역 내부에 유료 사물함이 있는데 고장 나서 사용하지 못하는 칸이 많다. 역을 등지고 오른쪽에는 자그레브에서 가장 큰 우체국이 위치한다. 자그레브 버스 터미널(Autobusni Kolodvor Zagreb)과 크로아티어 표기가 비슷하니 헷갈리지 말자.
📍 Trg kralja Tomislava 12　◂ hzpp.hr　G zagreb glavni kolod train station
🗺 p.68-C4

기차역에서 구시가까지: 트램, 도보
자그레브 기차역에서 구시가 반 옐라치치 광장까지 걸어서 15분 정도 걸린다. 역 정문으로 나가면 중앙에 기마상이 놓인 토미슬라브 광장이 보이고 그 뒤에 세로로 길게 조성한 공원이 있다. 공원을 따라 쭉 올라가기만 하면 반 옐라치치 광장이 나온다. 또는 기차역 길 건너편에 있는 티삭 앞에서 6번 트램을 탄다. 트램 티켓은 티삭에서 미리 구매하자.
🚶 츠르노메레츠(Črnomerec) 방향 6번 트램을 타고 두 번째 정류장(Trg bana J. Jelačića)에서 하차
⏱ 약 4분　가판대·매표소 구매 교통권 €0.53(30분 유효), 차내 구매 교통권 €0.8(30분 유효)/택시 €4~6

Access 04

자그레브 시내 교통

자그레브의 관광 명소는 반 옐라치치 광장 주변에 옹기종기 모여 있어 전부 걸어서 둘러볼 수 있다. 구시가에서 버스 터미널 등으로 이동할 땐 노면 전차 트램(Tram)을 탄다.

트램
버스 터미널, 자그레브 기차역, 반 옐라치치 광장을 지나가는 6번 노선이 유용하다. 이용객이 많은 노선이라 여행자를 노리는 소매치기가 많다. 트램 앞문으로 사람이 몰릴 때, 승차권을 각인할 때 특히 조심하자.

6번 트램 노선도

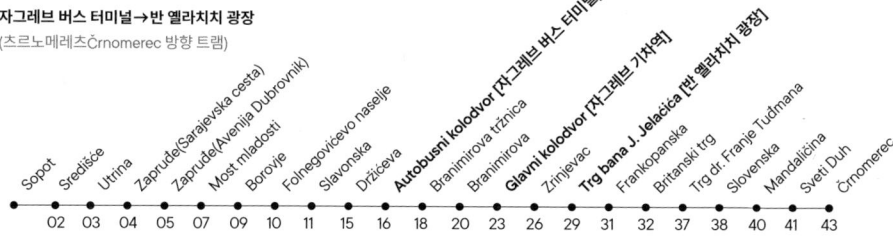

Tips. 트램 승차법
- 트램은 맨 앞(운전석), 중간, 맨 뒤에 문이 1개씩 있고 아무 문으로나 내리고 탈 수 있다.
- 탑승할 때는 종이 승차권을 차내에 있는 노란색 개찰기에 넣어 탑승 시간을 각인한다. 탑승 시간을 각인하지 않으면 무임승차로 간주해 승차권 불시 검문 시 최대 €106의 벌금을 문다.
- 개찰기는 보통 차내에 2~3대씩 놓여 있는데, 주로 앞문과 뒷문에 있다.
- 내릴 땐 하차 벨을 누른다.

Tips. 자그레브 교통권 구매
트램, 시내버스 등 대중교통은 ZET(Zagreb Electric Tram) 사에서 운행한다. 교통권은 시내 곳곳에 있는 가판대 티삭에서 구매하는 걸 추천한다.
◆ 가판대·매표소 구매 교통권 30분 유효 €0.53, 60분 유효 €0.93 /
차내 구매 교통권 30분 유효 €0.8, 60분 유효 €1.33 ◢ zet.hr

택시
자그레브 기차역과 버스 터미널 앞, 호텔 앞 택시 정류장에 정차해 있는 택시를 타거나 전화로 택시(호출비 추가)를 부른다. 차량 호출 서비스 우버나 볼트를 이용하기도 편하다.
◆ 택시 기본요금 €2.6, 주행 요금 1km당 €1.75 가산

Accommodation

자그레브 숙소

호텔, 호스텔, 게스트 하우스, 아파트먼트 등 다양한 형태의 숙소가 반 옐라치치 광장에서 버스 터미널에 걸친 구역에 모여 있다. 선택지가 다양하고 붐비지 않아 다른 도시보다 숙소를 고르기가 수월한 편이다.

위치
명소가 모여 있고 교통이 편리한 반 옐라치치 광장에서 걸어서 10분 내의 거리에 숙소를 잡는 게 좋다. 광장 북쪽의 구시가보다는 일리차 거리, 광장 남쪽 신시가에 호텔이 모여 있다.

타입
자그레브는 입국 직후 또는 출국 직전 들르는 김에 짧게 여행하는 경우가 많다. 개인이 운영하는 아파트먼트나 게스트 하우스보다 호텔을 추천한다. 24시간 리셉션을 운영해 짐을 맡기기 편하고, 공항이나 버스 터미널까지 이동수단 확보가 쉽기 때문이다.

비용
자그레브의 호텔은 남쪽 휴양지의 호텔보다 숙박비가 저렴하고 성수기와 비수기의 숙박비 변동 폭이 그다지 크지 않다. 입이 딱 벌어지는 전망이나 황홀한 분위기는 없을지라도 가격 대비 만족도가 높은 편이다.

추천 숙소

숙소명	숙박비	주소/찾아가기
호텔 센트럴 ★★★ Hotel Central	15만~19만 원	Ul. kneza Branimira 3 기차역에서 도보 2분
호텔 야게호른 ★★★ Hotel Jägerhorn	16만~18만 원	Ilica 14 반 옐라치치 광장에서 도보 3분
호텔 9 ★★★★ Hotel 9	18만~20만 원	Avenija Marina Držića 9 버스 터미널에서 도보 2분
호텔 두브로브니크 ★★★★ Hotel Dubrovnik	20만~29만 원	Gajeva ul. 1 반 옐라치치 광장에서 도보 1분
에스플라나드 자그레브 호텔 ★★★★★ Esplanade Zagreb Hotel	23만~29만 원	Mihanovićeva ul. 1 기차역에서 도보 3분

* 숙박비: 비수기 평일/1박/더블 룸/2인 기준.

Guide to Zagreb

자그레브 추천 여행

크로아티아 일주는 자그레브에서 출발해 다시 자그레브로 돌아오는 것이 일반적이다. 여행을 시작하거나 마무리하며 크로아티아의 수도를 여유롭게 만끽하자.

자그레브 여행법

시내 규모가 작아 반나절이면 대부분의 명소를 둘러볼 수 있다. 다만 연착 등의 변수에 대비해 자그레브에 도착한 날 바로 다른 도시로 이동하는 건 추천하지 않는다. 일정이 빠듯해도 최소 1박 후 다음 날 이동하자. 자그레브는 수도치고는 숙박비, 식비, 장바구니 물가 모두 저렴한 편이다. 만약 자그레브에서 여행을 마무리한다면 슈퍼마켓 쇼핑은 여기서 하는 걸 추천한다.

추천 코스

- 10:00 　구시가와 신시가를 잇는 **반 옐라치치 광장** 산책
- 10:30 　활기가 넘치는 **돌라츠 시장** 구경
- 11:00 　경건한 **자그레브 대성당**(보수 공사 중으로 출입 불가)
- 11:30 　든든하게 점심 식사
- 13:00 　기념품점이 모여 있는 **파블라 라디차 거리**를 따라 올라가다
- 13:30 　기적이 일어났던 **돌의 문**을 지나면
- 14:00 　귀여운 타일 지붕이 눈에 띄는 **성 마르코 성당**
- 14:30 　시내를 한눈에! **로트르슈차크 탑** 오르기
- 15:00 　번화가 **일리차 거리**로 내려와 다시 **반 옐라치치 광장**!

Theme

크로아티아스러운 명소를 따라서
자그레브 하루 산책

구시가 중심의 광장과 기마상, 높은 첨탑을 가진 대성당, 노천 시장, 넓게 펼쳐진 잔디밭과 공원. 풍경은 여느 유럽 도시와 크게 다르지 않지만, 그 속에는 외적의 침입과 자연재해, 내전을 이겨낸 크로아티아의 역사가 고스란히 담겨 있다.
반 옐라치치 광장을 중심으로 언덕 위의 구시가, 아래쪽의 신시가를 다 둘러본대도 서너 시간이면 충분하다. 아담한 시내는 긴 비행을 마치고 낯선 땅에서 시차 적응조차 하지 못한 여행자에게 "여기까지 오느라 고생했어. 우선 한숨 돌려"라며 어깨를 두드려주는 것 같다. 느긋하고 여유롭게 자그레브를 둘러보며 크로아티아와 친해지는 시간을 가지는 건 어떨까.

Pick! 자그레브 하루 산책 스폿
- 반 옐라치치 광장
- 돌라츠 시장
- 자그레브 대성당
- 성 마르코 성당
- 토미슬라브 광장

| 10:00 구시가 중심 | **반 옐라치치 광장** Ban Jelačić Square(Trg. Bana Josipa Jelačića) | Sightseeing 01 |

영웅의 이름을 딴 자그레브의 중심

광장 중앙에는 크로아티아가 오스트리아 제국 아래 있던 19세기에 활약한 군인이자 정치가 요시프 옐라치치(Josip Jelačić) 총독의 기마상이 놓여 있다. 뮐러(Müller) 잡화점 앞 작은 분수는 먼 옛날 전투를 마치고 돌아온 군인이 목을 축인 샘이 있었던 자리로 알려져 있다. 분수의 이름인 만두셰바츠(Manduševac)가 당시 군인에게 물을 건넨 소녀 '만다(Manda)'의 이름에서 왔듯, '물을 퍼내다'라는 의미의 크로아티아어 '자그라비티(zagrabiti)'가 '자그레브'의 기원이라는 이야기가 전해진다. 11월 말부터 이 광장에서 열리는 '자그레브 크리스마스 마켓'은 유럽에서도 손꼽히는 규모를 자랑한다. 여행 안내소는 광장 동쪽 자그레브 은행 옆에 있다.

📍 Trg bana Josipa Jelačića 🚶 자그레브 버스 터미널에서 6번 트램으로 15분, 자그레브 기차역에서 도보 15분 📖 p.68-C2

| 10:30 구시가 산책 | **돌라츠 시장** Dolac Market(Dolac) | Sightseeing 02 |

로컬 분위기 물씬 나는 노천 시장

1930년에 문을 연 자그레브에서 가장 크고 오래된 시장으로 "자그레브의 위장"이라 불린다. 크게 노천 시장과 실내 시장으로 나뉘며, 기마상 뒤쪽 계단으로 올라가면 나오는 청과물 시장이 가장 북적인다. 계단 꼭대기에 바구니를 머리에 인 동상이 있어 찾기 쉽다. 과일, 채소 외에 차(tea), 꿀, 올리브유 등 다양한 식품을 판매한다. 반 옐라치치 광장에서 계단을 올라가기 전에 나오는 건물은 유제품, 육류, 해산물 등을 파는 실내 시장이다. 시장 분위기를 제대로 느끼고 싶다면 정오 이전 방문을 추천한다.

📍 Dolac 9 🚶 반 옐라치치 광장에서 도보 2분 ⏰ 06:30~16:00(토요일 ~15:00, 일요일 ~14:00) 📖 p.68-C2

| 11:30 구시가 관광 | **자그레브 대성당** Zagreb Cathedral(Zagrebačka katedrala) | Sightseeing 03 |

도시 어디서나 보이는 두 개의 첨탑

1094년 교황청이 자그레브를 주교구로 인정한 이래 부침 많은 세월 속에서도 굳건히 자리를 지켜온 도시의 상징. 1880년 대지진을 겪으며 고딕 복고 양식으로 재건했고, 첨탑을 추가하며 지금의 모습을 갖추었다. 성당 앞 광장엔 성모 마리아와 네 천사 기념탑이 있다. 성당 내부에는 키릴 문자의 원형이 되는 글라골(Glagol) 문자가 새겨진 벽을 비롯해 크로아티아의 문화와 역사를 말할 때 빼놓을 수 없는 보물이 가득하다. 하지만 안타깝게도 2020년 3월 지진으로 피해를 입어 복구 공사 중이고 현재는 개방하지 않는다. 1998년 교황 요한 바오로 2세가 복자(福者)로 추대한 알로이지예 스테피나츠(Alojzije Stepinac) 추기경도 이곳에 잠들어 있다.

📍Kaptol 31 🚶반 옐라치치 광장에서 도보 3분 🕐임시 휴무 🌐katedrala.hr 📖p.68-C2

| **12:00** 구시가 관광 | **성 마르코 성당** St. Mark's Church(Crkva Sv. Marka) | Sightseeing 04 |

지붕에 크로아티아를 얹은 성당

13세기 로마네스크 양식으로 지은 성당으로 여러 번의 재건 끝에 지금의 모습이 되었다. 이 건물을 상징하는 타일 지붕은 1880년에 얹은 것. 성당을 바라보고 선 상태에서 왼쪽은 크로아티아, 달마티아, 슬라보니아의 문장이고 오른쪽은 자그레브의 문장이다. 내부는 원래 미사나 행사 때만 들어갈 수 있는데, 그마저도 2020년 3월의 지진 이후 복구공사 중이라 현재는 개방하지 않는다. 독특하고 귀여운 지붕 덕분에 기념사진 명소로 인기가 많다.

📍 Trg Sv. Marka 5 🚶 반 옐라치치 광장에서 도보 10분 ✉ 임시 휴무 🌐 zupa-svmarkaev.hr 📖 p.68-B1

| **13:00** 신시가 산책 | **토미슬라브 광장** King Tomislav Square(Trg. kralja Tomislava) | Sightseeing 05 |

크로아티아 초대 국왕의 기마상

925년에 즉위한 크로아티아 왕국 초대 국왕 토미슬라브의 이름을 딴 광장으로 말을 탄 그의 동상을 만날 수 있다. 자그레브역 맞은편 길 건너에 위치한다. 기마상 뒤쪽으로 700m 정도 세로로 길게 조성된 공원은 현지인의 휴식처다.

📍 Trg kralja Tomislava 🚶 자그레브 버스 터미널에서 2·6번 트램으로 10분, 반 옐라치치 광장에서 도보 12분 📖 p.68-C4

자그레브의 여행은 시내의 중심인 반 엘라치치 광장에서 시작된다. 이 책에 소개하는 명소, 음식점, 쇼핑 스폿 모두 반 엘라치치 광장에서 걸어서 갈 수 있고, 일부러 찾아가지 않아도 자그레브 중심가를 오며 가며 자연스럽게 들르게 된다.

Best Spots
자그레브 추천 스폿

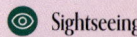 Sightseeing

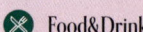 Food&Drink

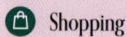 Shopping

Sightseeing 06
일리차 거리 Ilica
구시가와 신시가를 잇는 대동맥

자그레브에서 가장 번화한 거리로 반 옐라치치 광장의 서쪽 끝부터 6km 정도 쭉 뻗어 있다. 거리를 바삐 오가는 파란 트램은 자그레브를 대표하는 풍경 중 하나. 거리 양옆으로 음식점, 호텔, 쇼핑몰 등이 늘어서 있는데, 특히 패션·잡화 매장이 많다. 거리의 남쪽은 신시가와 이어지고, 반 옐라치치 광장을 지나 북쪽으로 가면 구시가와 이어진다. 자그레브를 여행하다 보면 몇 번이고 지나다니게 된다.

↟ 반 옐라치치 광장 바로 앞 p.68-B2

Sightseeing 07
이바나 트칼치차 거리 Ivana Tkalčića
흥겨운 저녁 시간을 보내고 싶다면

원래는 성직자 마을과 상인 마을 간 경계를 이루는 하천이었는데 도시 발전을 이유로 하천을 메웠다. 거리는 반 옐라치치 광장에서 돌라츠 시장으로 올라가는 계단 왼쪽으로 난 골목부터 시작된다. 주로 음식점이 많고 늦게까지 영업하는 가게도 많은 편. 광장에서 길을 따라 조금만 걸으면 크로아티아의 여성 운동가이자 최초의 여성 기자인 마리야 유리치 자고르카(Marija Jurić Zagorka)의 동상을 만날 수 있다.

↟ 반 옐라치치 광장에서 마리야 유리치 자고르카 동상까지 도보 4분 G 마리야 유리치 자고르카의 동상 Marija Jurić Zagorka p.68-C1

Sightseeing 08

돌의 문 Stone Gate(Kamenita vrata)

기적이 일어난 공간

옛 성벽 출입문 6개 중 유일하게 남은 곳이다. 문 안쪽 예배당에 걸린 아기 예수를 안은 성모 마리아 그림은 1731년에 발생한 큰 화재에도 유일하게 온전히 남아 있었다고 한다. 그림이 안치된 제단 주변에는 성모에게 감사를 전하는 석판이 붙어 있다. 문으로 향하는 길목엔 용을 물리친 성인 게오르기우스(Georgius)의 동상이 있다.

Kamenita ul. 1 반 옐라치치 광장에서 도보 8분 p.68-B1

Sightseeing 09

국립 나이브 아트 미술관 Croatian Naive Art Museum(Hrvatski muzej naivne umjetnosti)

소박해서 더욱 특별한 작품들

그림을 전문적으로 배우지 않은 작가의 경향을 일컫는 '나이브 아트(Naive Art)', 즉 소박파의 작품을 전시하는 공간이다.

Ćirilometodska 3 반 옐라치치 광장에서 도보 9분 평일 09:00~17:00, 토요일 10:00~14:00, 30분 전 입장 마감 €5.5 hmnu.hr p.68-B1

Sightseeing 10

깨진 관계 박물관 Museum of Broken Relationships(Muzej prekinutih veza)

모두의 다양한 이별 이야기

사진, 인형 등 '끝나버린 관계'에 관한 물건을 기증받아 사연과 함께 전시한다. 기념품으로는 '나쁜 기억 지우개'가 인기.

Ćirilometodska 2 반 옐라치치 광장에서 도보 8분 6~9월 09:00~22:00(10~5월 ~21:00), 30분 전 입장 마감 12월 24~25일, 1월 1일, 기독교 축일 €7 brokenships p.68-B1

로트르슈차크 탑 Lotrščak Tower(Kula Lotrščak) Sightseeing 11
구시가와 신시가 풍경을 한눈에

'윗동네'라는 뜻의 그라데스를 둘러싼 성벽 남쪽 문을 보호할 목적으로 13세기에 세웠다. 매일 정오가 되면 이곳에서 대포를 발사하는데 그 소리가 생각보다 굉장하다. 탑 앞쪽 공터에서는 신시가의 풍경이 내려다보이며, 탑 꼭대기 전망대에서는 구시가까지 360° 조망도 가능하다. 전망대는 건물 2층 반 정도 되는 높이라 올라가기 어렵지 않다. 1층에 여행 안내소가 있다.

 Strossmayerovo šetalište 9 반 옐라치치 광장에서 도보 8분 화~금요일 09:00~20:00, 토~일요일 11:00~20:00 월요일, 12월 25~26일, 1월 1일, 일부 공휴일 성인 €3, 7~18세 €2 gkd.hr/kula-lotrscak p.68-B2

Tips. 세상에서 제일 짧은 케이블카
로트르슈차크 탑에서 일리차 거리를 잇는 케이블카는 세계에서 가장 짧기로 유명하다. 선로 길이는 66m, 탑승 시간은 1분 남짓이지만, 교통 약자나 현지인이 더 많이 이용하는 어엿한 대중교통 수단이다. 1890년 운행을 시작할 당시엔 전기가 아닌 증기의 힘으로 움직였다고 한다.

 Ul. Josipa Eugena Tomića 7A 반 옐라치치 광장에서 도보 7분 임시 휴무(~2026년 3월) 1회 €0.66

Food&Drink 01
헤리티지 HERITAGE croatian street food&shop
크로아티아를 담은 한입

크로아티아 전역에서 공수한 재료로 만드는 오픈 샌드위치를 맛볼 수 있다. 특히 이스트라의 송로버섯이 들어간 샌드위치와 달마티아의 안초비가 들어간 샌드위치가 인기다. 한 끼 식사로 부족하지 않을 만큼 크고, 하프 사이즈도 있어 여러 메뉴를 맛보기도 좋다. 한가할 때는 직원이 지도를 보며 재료와 산지에 대해 설명도 해주는데, 실내가 좁아 저녁 시간에는 기다려야 할 수도 있다. 매장 한쪽에서 송로버섯 스프레드 등 식재료도 판매한다.

📍 Petrinjska ul. 14 🚶 반 옐라치치 광장에서 도보 5분
🕐 12:15~20:00 🍴 플랫 브레드 €7.5~7.9 📖 p.68-C2

Food&Drink 02
빈체크 슬라스티차르니카
Vincek slastičarnica
1977년에 문을 연 디저트 맛집

이곳의 아이스크림은 이탈리아의 젤라토와 달리 가볍고 부드러운 식감을 자랑한다. 케이크의 종류도 다양하고 맛있는 데다 가격도 저렴한 편이다. 인기 메뉴는 얇은 초콜릿 코팅 아래 생크림과 커스터드 크림이 듬뿍 들어간 자그레바치카 크렘슈니타(Zagrebačka Kremšnita). 매장 입구의 아이스크림 쇼케이스 너머에 테이블이 있다. 늘 붐비는 곳이니 빈자리부터 확인할 것.

📍 Ilica 18 🚶 반 옐라치치 광장에서 도보 4분 🕐 08:30~23:00
❌ 일요일·공휴일 🍴 아이스크림(한 스쿱) €2.2, 케이크 €2~4
🌐 vincek.com.hr 📷 vincekslasticarnica 📖 p.68-B2

Food&Drink 03
라 슈트루크 La Štruk

'치즈 러버'라면 반할 맛!

자그레브와 근교 지역의 전통 요리인 '자고르스키 슈트루클리(Zagorski štrukli)'를 맛볼 수 있다. 치즈만 들어간 소박한 슈트루클리는 이 지역 '집밥' 같은 느낌. 10종류가 넘는 슈트루클리 중 우리 입맛에 잘 맞는 건 로스티드 페퍼(Dimljena Paprika)와 애플 시나몬(Jabuka, Cimet) 맛. 기본적으로 치즈가 듬뿍 들어가기 때문에 조금 느끼할 수도 있다. 상당히 뜨거우니 데지 않도록 주의하자.

📍 Skalinska ul. 5　🚶 반 옐라치치 광장에서 도보 4분
🕐 11:00~22:00　🍴 로스티드 페퍼 맛 €9.5, 애플 시나몬 맛 €9.5
📖 p.68-C1

Food&Drink 04
스타리 피야케르 Stari Fijaker

현지인도 즐겨 찾는 자그레브 향토 음식점

크로아티아인도 자그레브 요리가 생각나면 이곳을 찾을 만큼 현지에서 더 인기 있는 곳. 단체 예약이 많으므로 저녁 시간이나 주말에 방문할 땐 홈페이지 예약을 권한다. 치즈와 햄을 송아지 고기로 말아 튀긴 자그레브 스타일 슈니첼(Zagrebački Odrezak)은 다른 곳에서는 찾기 힘든 메뉴. 따로 주문하는 식전 빵은 직접 구워 담백하고 고소해 인기가 많다. 메뉴판에 음식 사진이 있다.

📍 Mesnička ul. 6　🚶 반 옐라치치 광장에서 도보 10분　🕐 월~토요일 11:00~23:00(일요일·공휴일 ~22:00)　🍴 자그레브 슈니첼 €15, 향토 요리 €6~17　🌐 starifijaker.hr(예약 가능)
📖 p.68-B2

Food&Drink 05
레스토랑 보반 Restoran Boban
가볍게 즐기는 이탤리언 다이닝

2017년부터 《미쉐린 가이드》에 소개된 이탤리언 레스토랑. '데일리 오퍼' 메뉴는 제철 식재료를 쓰기 때문에 수시로 구성이 바뀐다. 한국인 입맛에는 스테이크 샐러드인 루스티차(Rustica)가 잘 맞고, 해산물보다는 육류 요리가 훌륭하다는 평이다. 송로버섯 요리도 인기가 많다. 다양한 디저트와 칵테일이 마련되어 있으며 어린이 메뉴도 주문 가능하다. 중앙 정원과 야외 테이블이 마련되어 있다.

Gajeva ul. 9 / 반 옐라치치 광장에서 도보 4분
12:00~24:00 / 루스티차 €32, 메인 €18~35
boban.hr(예약 가능) / restaurant.boban / p.68-C2

Food&Drink 06
아멜리에 Amélie
자그레브 최고의 케이크

자그레브에서 가장 맛있는 커피와 케이크로 현지인들이 손꼽는 공간. 맛은 물론이고 아기자기한 실내 분위기와 친절한 직원들도 인상적이다. 당근케이크와 피스타치오가 들어간 치즈케이크가 가장 인기 있고, 계절 한정 케이크도 나온다. 가벼운 식사로 좋은 키슈(quiche)도 수준급. 실내는 그리 넓지 않지만 야외 테이블이 있고, 카페 바로 옆에 포장 전문점이 있다.

Vlaška ul. 6 / 반 옐라치치 광장에서 도보 3분 / 카페 08:00~22:00, 포장 전문점 09:00~21:00 / 커피 €2.7~, 케이크 €4.6 / slasticeamelie.com / p.68-C2

 Food&Drink 07

란테르나 나 돌추 Lanterna na Dolcu
차분하고 정갈한 레스토랑

돌라츠 시장의 신선한 식재료를 매일 공수해 사용한다. 짧게 돌돌 말린 이스트라반도 전통 파스타를 넣은 송로버섯 파스타(Lanterna pljukanci with beef fillet and truffles)가 인기. 식사 시간에는 예약을 권한다.

📍 Opatovina ul. 31 🚶 반 옐라치치 광장에서 도보 5분
🕐 14:00~22:00 ❌ 일요일 💰 송로버섯 파스타 €22, 메인 €19~32 🌐 lanterna-zagreb.com(예약 가능) 📖 p.68-C1

 Food&Drink 08

푸르게르 Purger Gostionica-restoran
크로아티아 전국 집밥을 한 곳에서!

이곳처럼 크로아티아 각지의 전통 요리를 다양하게 내놓는 식당도 드물다. 내륙과 해안 지방의 요리를 총망라하며, 기교 없이 소박한 '크로아티아 집밥'을 맛볼 수 있다. 가격 대비 양도 많은 편이다.

📍 Petrinjska ul. 33 🚶 반 옐라치치 광장에서 도보 6분
🕐 07:00~23:00 ❌ 일요일 💰 메인 €15~20 🌐 purger.hr
📖 p.68-C3

 Food&Drink 09

콰화 Quahwa
다양한 원두를 맛볼 수 있는 카페

원두를 직접 볶는 로스터리 카페. 중정에 야외 테이블이 있고 2층에도 자리가 많다. 주문과 결제는 테이블에서 한다. 커피 맛은 한국과 비슷하며 더블 샷이나 디카페인도 선택할 수 있다.

📍 ul. Nikole Tesle 9/1 🚶 반 옐라치치 광장에서 도보 4분
🕐 09:00~18:00(금·토요일 ~20:00) 💰 아메리카노 €2.5, 카페라테 싱글 샷 €2.7 🌐 shop.quahwa.hr 📖 p.68-C2

Shopping 01
파블라 라디차 거리 Pavla Radića

자그레브의 기념품은 모두 여기에

반 옐라치치 광장에서 돌의 문까지 이어지는 거리로 기마상을 바라보고 선 상태에서 광장 왼쪽 모퉁이에 있는 약국 옆에서 시작된다. 경사가 가파르지 않은 언덕길을 따라 양옆에 기념품점이 10개 이상 모여 있다. 마그넷, 인형 등 상점들의 상품 구색은 비슷한 편. 이곳의 가장 큰 재미는 잼, 올리브유, 전통주 등을 구매 전 시식해볼 수 있다는 점이다. 거리 중간쯤 나타나는 커다란 넥타이 조형물은 넥타이 전문점 크라바타(Kravata)의 상징이다.

🚶 반 옐라치치 광장에서 도보 1분 📖 p.68-B2

Shopping 02
브리탄스키 광장 시장
Britanski Trg Market(Tržnica Britanski trg)

일요일 아침에는 골동품 시장으로 변신!

반 옐라치치 광장에서 1km 정도 떨어진 브리탄스키 광장에는 매일 시장이 선다. 월요일부터 토요일까지는 평범한 노천 시장이지만, 매주 일요일에 열리는 골동품 시장은 자그레브 사람들도 일부러 찾아올 정도. 손때 묻은 책과 오래된 도자기, 우표는 물론이고 다른 곳에선 쉽게 볼 수 없는 유고슬라비아 시절 물건이 많아 둘러보는 재미가 쏠쏠하다. 가격 흥정도 가능하다.

📍 Britanski trg 3 🚶 반 옐라치치 광장에서 도보 13분 🕐 월~토요일 06:30~14:00(일요일 ~14:30) 📖 p.68-A2

Shopping 03

슈페르노바 츠브예트니 Supernova Cvjetni

크로아티아의 일상 가득! 작지만 알찬 쇼핑몰

작은 성당과 동상, 노천 꽃시장이 있어 아기자기한 분위기의 광장에 들어선 쇼핑몰. 지하 1층에 슈퍼마켓 체인 콘줌(KONZUM)과 드러그스토어 데엠(DM)이 위치하며 두 매장 모두 규모가 큰 편이다. 같은 층에서 깨끗한 화장실을 무료로 이용할 수 있다. 지하 1층과 지상 1층엔 H&M 의류 매장이 있다. 쇼핑몰 안에서는 와이파이를 사용할 수 있다.

📍 Trg Petra Preradovića 6 🚶 반 옐라치치 광장에서 도보 4분
🕐 콘줌 월~토요일 07:00~22:00/데엠 월~토요일 09:00~21:00, 일요일 10:00~19:00/H&M 월~토요일 09:00~21:00, 일요일 10:00~20:00 ✖ 콘줌 일요일 휴무
🌐 supernova-cvjetni.hr supernovacvjetni 📖 p.68-B2

Shopping 04

크로아타 CROATA

'메이드 인 크로아티아' 넥타이

'넥타이의 발상지' 크로아티아를 대표하는 넥타이 브랜드. 자그레브에 4개의 지점이 있는데 일리차 거리의 아케이드 옥토곤(Oktogon) 내부에 자리한 지점의 접근성이 가장 좋다. 넥타이 외에 셔츠나 블라우스 같은 의류와 스카프, 넥타이핀 등 패션 소품도 판매한다. 실크부터 직접 생산하며 품질 관리에 공을 들이는 크로아티아의 명품인 만큼 가격대가 높은 편. 홈페이지에서 상품 가격을 확인할 수 있다. 자다르, 스플리트, 두브로브니크 구시가에도 지점이 있다.

옥토곤점(Oktogon) 📍 Oktogon, Ilica 5 🚶 반 옐라치치 광장에서 도보 2분 🕐 월~금요일 09:00~20:00(토요일 ~15:00)
🌐 croata.com croatalife 📖 p.68-B2

Part 03

오감으로 느끼는 요정의 숲
플리트비체
호수 국립공원

Nacionalni park
Plitvička jezera

Intro
우리가 플리트비체 호수 국립공원에 가야 하는 이유

플리트비체 호수 국립공원은 크고 작은 16개의 호수와 92개의 폭포로 이루어진 크로아티아 최초의 국립공원으로, 1979년에 유네스코 세계 자연유산으로 등재되었다. 플리트비체는 가능하다면 '오픈 런'을 하는 게 좋다. 이른 아침 인기척이 없는 숲속엔 물 흐르는 소리와 새 지저귀는 소리만 가득해 어딘가에서 숲의 요정이 튀어나와 말을 걸 것만 같다. 그래서일까. 영화〈아바타〉의 외계 행성 '판도라'는 플리트비체에서 모티프를 따왔다고 한다.

호수와 폭포가 만들어낸 풍경은 경이롭지만 걷다 보면 '이대로 둬도 되나?' 싶은 모습을 자주 마주한다. 나무가 부러지고 풀이 사람 키만큼 자라도 위험하지 않은 이상 사람의 손길을 더하지 않고 풍경 하나하나를 온전히 그대로 둔다.

플리트비체가 보여주는 풍경은 사계절이 다 다르다. 눈이 녹고 봄비가 내리며 수량이 늘어나 더욱 웅장한 폭포를 볼 수 있는 봄, 녹음이 한층 짙어져 초록 숲의 매력을 한껏 느낄 수 있는 여름, 노랗고 붉게 단풍이 물드는 와중에도 차분하게 가라앉은 분위기의 가을, 국립공원 전체가 하얀 눈으로 뒤덮이는 겨울까지. 맑은 날, 흐린 날, 비 오는 날, 눈 오는 날, 매일 매시간의 풍경 또한 다르다. 일상의 번잡함을 벗어나 오감에 집중할 준비가 되었다면 걸음걸음 옮길 때마다 새로운 숨이 쉬어지는 길을 따라 걸어보자.

Info

플리트비체 호수 국립공원은 어떤 곳일까?

플리트비체 호수 국립공원 Nacionalni park Plitvička jezera

플리트비체의 기원은 수백만 년 전으로 거슬러 올라간다. 빙하기에 흑강(Black River)과 백강(White River)이 현재 상부 호수군이 위치한 계곡으로 흘러들어 왔다. 추위와 더위가 반복되는 플리트비체의 기후는 석회암을 빠르게 만들어냈고, 그렇게 형성된 석회암은 천연 댐이 되어 강물을 가두었다. 댐을 넘어선 강물은 폭포를 이루는데 기존 호수 아래쪽에 새로운 호수가 탄생한다. 오랜 세월에 걸쳐 물과 석회암이 만들어낸 기적, 그것이 바로 플리트비체의 호수와 폭포다. 공원엔 8개의 하이킹 코스가 조성되어 체력과 일정에 맞게 둘러볼 수 있다.

🕐 4~5월 08:00~19:00, 6월~8월 20일 07:00~20:00, 8월 21일~9월 07:00~19:00, 10월 08:00~18:00, 11~3월 08:00~16:00/ 3시간 전 매표소 마감 ➤ np-plitvicka-jezera.hr/en 📷 plitvicelakesnp

플리트비체 호수 국립공원 입장권(1일권/2일권)

	1~3·11~12월	4~5·10월	6~9월 1일권		6~9월 2일권
			07:00~16:00 (9월~15:00)	16:00 이후 입장 (9월 15:00 이후)	종일
19세 이상	€10/€15	€23/€39	€40	€25	€60
대학생	€6/€9	€14/€20	€25	€15	€40
7~18세	€4/€7	€6/€10	€15	€9	€20

Q&A

가기 전에 체크! 플리트비체 호수 국립공원의 이모저모

Q. 언제 가면 좋을까?
A. 가장 여행하기 좋은 때는 5월 중순부터 9월까지다.
- 초록으로 가득 찬 싱그러운 모습을 만끽할 수 있는 시기다. 가능하면 사람이 몰리지 않는 오전 10시 이전에 하이킹을 시작해야 여유롭게 둘러볼 수 있다. 하이킹 전날 플리트비체에 도착해 숙박하는 일정이 제일 좋고, 자그레브에서 당일치기를 할 예정이라면 첫차를 타고 이동하자.

Q. 날씨는 어떠한가?
A. 플리트비체는 크로아티아에서 가장 추운 지역에 속한다.
- 5월이 되어야 낮에 따스한 기운이 감돌기 시작하고 한여름에도 이른 아침엔 쌀쌀하다. 플리트비체는 산속이라 같은 계절이어도 크로아티아의 다른 도시보다 훨씬 빨리 어두워진다. 10월 말부터 눈이 오기 시작해 4월까지 눈이 남아 있다. 12월부터 2월까지는 폭포도 얼고 폭설 때문에 폐쇄되는 구간이 많다. 상부 호수군은 상황에 따라 겨울 내내 출입이 금지된다. 폐쇄된 구간이 있으면 공식 홈페이지에 팝업 창으로 안내한다.

Q. 입장권 예약, 미리 해야 할까?
A. 7·8월에 방문할 예정이라면 일정이 정해지는 대로 빨리 예약한다.
- 입장권 예약은 공식 홈페이지에서 할 수 있다. 예약할 때 방문 일자와 시간, '입구 1(Entrance1/Ulaz 1)'과 '입구 2(Entrance1/Ulaz 2)' 중 어디로 출입할지 선택한다. 예약을 완료하면 이메일로 입장권 pdf 파일이 발송된다. 현지에서 실물 입장권으로 교환할 필요 없이 휴대폰 화면의 QR코드로 바로 입장할 수 있다. 입장은 1시간 단위로 가능하다. 오전 10시 입장권을 예약했다면 10시부터 11시 사이에 들어가면 된다. 매표소에서 당일 입장권 구매도 가능하지만 대기가 있을 수 있다. 입구 1이 입구 2보다 붐비며 정오 이후에는 비교적 여유롭게 들어갈 수 있다.

Q. 구글 지도에서 어떻게 찾을까?
A. 입구 1은 '플리트비체 매표소 1', 입구 2는 'Plitvice Ticket Office 2'로 검색한다.
- '플리트비체 국립공원' 또는 'plitvice national park'로 검색하면 산 한복판이 표시된다. 입구 1 근처 마을 라스토바차(Rastovača)와 입구 2 근처의 무키네(Mukinje)의 숙소, 공원 내 숙소는 숙소 이름이나 주소로 검색 가능하다.

Q. 짐은 어디에 보관할까?

A. 입구 1, 입구 2에 각각 무인 짐 보관소가 있다.

- 하이킹을 마치고 바로 다음 도시로 이동하는 여행자라면 플리트비체 호수 국립공원 입구에 마련된 무인 짐 보관소를 이용하자.
- 여행 안내소에서 짐 보관소 열쇠를 받아다 보관소 문을 열고 짐을 넣은 후 바로 열쇠를 반납한다. 짐을 찾을 때도 마찬가지. 짐 보관소 내부에는 자물쇠가 따로 없다. 자전거용 자물쇠 등으로 선반이나 기둥에 짐을 묶어두는 걸 추천한다.

Q. 어떻게 입고 갈까?

A. 가장 중요한 건 편한 신발! 바람막이와 방한용품도 추천한다.

- 하이킹 코스가 잘 정비되어 있고 경사가 심하지 않지만 짧은 코스라도 2시간 이상, 인기 있는 H 코스는 6시간 정도 걸어야 한다. 생각보다 중간에 쉴 공간이 없으니 발이 편한 신발은 필수.
- 개인차는 있지만 한여름에도 그늘 밑은 서늘하다. 얇은 바람막이를 챙겨가면 유용하다. 봄, 가을, 겨울엔 방한에 신경 쓰자. 산속이라 다른 도시보다 빨리 어두워지고 하루에도 날씨가 서너 번씩 바뀌곤 한다.
- 두꺼운 옷 한 벌보다는 얇은 옷을 여러 벌 겹쳐 입는 게 좋다.
- 공원 내에선 소나기가 내려도 피할 곳이 없다. 우산보다 우비가 유용한데, 현지에서 구매하는 것보다 한국에서 저렴한 우비를 챙겨가는 게 낫다.

Q. 무엇을 챙기면 좋을까?

A. 에너지를 채워줄 주전부리와 환경을 생각한 쓰레기봉투.

- 공원 입구와 내부에 음식점이 있지만 만족도는 낮은 편이다. 하이킹하는 동안 먹을 물, 빵, 과일, 초콜릿 등 주전부리를 준비해가면 좋다. 또한 공원 내부엔 음식점과 화장실 근처 외엔 쓰레기통이 없다. 내가 만든 쓰레기는 다시 가지고 나온다는 마음가짐으로 쓰레기봉투도 챙기자.

Q. 공원 안에서 주의할 점은?

A. 자연을 해치는 행위, 규정을 벗어나는 행동은 금물!

- 수영, 낚시, 화기 사용, 캠핑, 드론 사용이 금지되어 있다. 꽃과 나무를 꺾어서는 안 되고 오리나 물고기 등 동물을 만지거나 먹이를 주는 행위도 금물이다. 반려견을 동반할 때는 반드시 목줄을 해야 한다.
- 최근 몇 년 동안 안전을 위해 쳐놓은 나무 울타리를 넘어가서 사진 촬영을 하던 여행자가 추락해 목숨을 잃는 사고가 여러 건 발생했다. 안전을 위해서 정해진 루트 밖으로 절대 벗어나서는 안 된다.

Map 01
플리트비체 호수 국립공원 교통 지도

Access 01

플리트비체 호수 국립공원으로 이동하기

디나르알프스(Dinaric Alps)산맥 한복판에 국립공원이 덩그마니 있어 접근성은 그다지 좋지 않다. 버스나 렌터카로 가는 수밖에 없다. 자그레브나 스플리트의 여행사에서 운영하는 당일치기 투어 프로그램을 이용하면 이동에 대한 걱정을 덜 수 있다.

장거리 버스

- 플리트비체 호수 국립공원을 오갈 수 있는 유일한 대중교통 수단. 자그레브에서 출발해 플리트비체에 들렀다 자다르나 스플리트로 가는 루트가 일반적이다.
- 해가 길고 버스 운행 횟수가 늘어나는 여름철에는 당일치기로도 가능한 일정이다. 하지만 봄, 가을, 겨울엔 해가 짧고 운행 횟수도 줄기 때문에 하이킹을 마친 후 1박을 하고 다음 날 아침 다른 도시로 이동하는 걸 추천한다. 또는 플리트비체 호수 국립공원 입장 전날 플리트비체에서 숙박하고 다음 날 아침 일찍 하이킹을 즐긴 후 다른 도시로 이동하자.
- 플리트비체에서 다른 도시로 이동할 때 가장 중요한 건 정확한 버스 시간표를 확인하는 일이다. 각 입구에 마련된 여행 안내소에 버스 시간표가 붙어 있다.

자그레브 → 플리트비체 호수 국립공원
- 하루 7~15회
- 2시간~2시간 30분
- €12~17

플리트비체 호수 국립공원 → 자그레브
- 하루 5~10회
- 2시간~2시간 30분
- €12~17

자다르 → 플리트비체 호수 국립공원
- 하루 4~7회
- 1시간 30분~2시간
- €15~17

플리트비체 호수 국립공원 → 스플리트
- 하루 3~7회
- 4시간 30분~6시간
- €26

입구 1 자다르/스플리트행 버스 정류장

장거리 버스 똑똑하게 이용하기

번듯한 버스 터미널이 없다
- 크로아티아를 대표하는 관광 명소지만 버스 터미널은커녕 정류장조차 과연 여기가 맞나 싶을 정도로 허술하다. 입구 1, 입구 2, 민박이 모여 있는 무키네 마을 앞에 각각 버스 정류장이 있다.
- 자그레브에서 플리트비체로 오는 버스는 국립공원 입구 바로 앞 정류장에 정차한다. 스플리트에서 플리트비체로 오는 버스는 입구 길 건너, 주차장 쪽 정류장에 선다. 횡단보도는 없고 주차장과 입구를 이어주는 육교가 있다.

1번 입구와 2번 입구 정류장, 어디서 내리고 탈까?
- 자그레브에서 오는 버스는 입구 1, 입구 2, 무키네 마을 순서로 정차한다. 스플리트에서 오는 버스는 반대 순서로 정차한다.
- 입구 1과 입구 2는 3km 정도 떨어져 있고 입구 사이를 오가는 대중교통 수단이 없으므로 잘못 내리지 않도록 주의하자. 각 정류장에 설 때마다 기사가 큰 소리로 확인해준다.
- 플리트비체에서 자그레브로 갈 때는 입구 2에서, 자다르나 스플리트로 갈 때는 입구 1에서 타야 좌석 확보에 유리하다.

버스 예약, 할까 말까?
- 플리트비체엔 버스 정류장만 있고 매표소가 없다. 성수기엔 트래블링닷컴(traveling.com), 플릭스버스(FlixBus) 홈페이지, 애플리케이션으로 예약하는 걸 추천한다. 트래블링닷컴에선 크로아티아 전역의 버스 정보를 한 번에 확인할 수 있다.
- 비수기엔 굳이 예약할 필요는 없다. 국립공원 각 입구의 여행 안내소에서 버스 시간표를 확인하고 정류장에서 기다리다가 버스를 탈 때 기사에게 요금을 지불하면 된다.

◀ 트래블링닷컴 traveling.com ◀ 플릭스버스 flix.com

버스, 오긴 온다
- 플리트비체를 오가는 버스는 연착이 굉장히 심하다. 버스 정류장 주변에 문의할 곳이 없어 버스가 오지 않으면 불안할 수 있지만, 1시간 이상 늦는 경우도 심심치 않게 발생하니 걱정하지 말고 기다리자.

승합 택시를 활용하자
- 한겨울을 제외한 기간엔 버스 정류장 근처에 보통 9인승 차량으로 운영하는 승합 택시가 정차해 있다. 승합 택시는 플리트비체-자그레브, 플리트비체-스플리트 구간을 운행한다.
- 탑승 인원이 많을수록 1인당 부담해야 하는 요금이 저렴해진다. 그러므로 택시를 이용하고 싶다면 미리 동행을 구하거나 포털 사이트에서 'plitvice taxi'로 검색 후 홈페이지에서 예약하자.

💰 플리트비체-자그레브 €120~, 플리트비체-스플리트 €200~

Tips. 렌터카 여행자를 위한 플리트비체 주차장 정보
입구 1, 입구 2 길 건너에 각각 주차장이 마련되어 있다. 비수기엔 입구 2 주차장이 폐쇄되는 경우도 있고 입구 1 주차장은 무료로 운영한다. 계절, 차량 종류에 따라 주차 요금이 달라진다.
🕐 매월 상이
💰 (승용차, 1시간 기준) 3~5월·10~11월 €1.5, 6~9월 €2

Access 02

플리트비체 호수 국립공원 내 교통

플리트비체 호수 국립공원 내에는 셔틀버스와 보트가 다니며 무료로 탑승할 수 있다.
버스 정류장과 선착장은 각각 세 곳씩 마련되어 있다.

셔틀버스
· 입구 1과 입구 2, 상부 호수군을 오가는 교통수단이다. 정류장은 지도나 안내판에 St1(입구 1), St2(입구 2), St3(상부 호수군에서 가장 높은 지점인 프로슈찬스코 호수Proščansko jezero 앞)로 표기한다.
· St1-St2 왕복 노선, St2-St3 왕복 노선이 있으며 성수기엔 상황에 따라 증편한다.
· St1 정류장에서 출발한 버스는 St2에 정차한 후 St3까지 간다. 오전엔 St1에서 St2, St3로 가는 버스가, 오후엔 반대 방향 버스가 붐빈다.
· 버스를 탈 때는 입장권을 확인하지 않는다.
❶ St1-St2 왕복 노선, St2-St3 왕복 노선 각 방향 30분에 1대씩 운행/첫 운행과 마지막 운행시간은 공원 개방 시간에 따라 변동

보트
· 플리트비체에서 가장 큰 코자크 호수(Kozjak jezero)를 건너는 교통수단이다. 선착장은 지도나 안내판에 P1, P2, P3로 표기하며 P1, P2 선착장은 상부 쪽에, P3는 하부 쪽에 있다.
· P2 선착장에서 탑승해 코자크 호수를 가로질러 P3까지 가는 보트는 H 코스를 걷는 사람이라면 반드시 탑승하는 노선이다.
· 보트를 탈 때는 입장권을 확인한다.
❶ P1-P2 노선, P2-P3 왕복 노선 30분에 1대씩 운항/첫 운항과 마시막 운항시간은 공원 개방 시간에 따라 변동

Accommodation

플리트비체 호수 국립공원 숙소

렌터카 여행자라면 숙박하지 않고도 국립공원을 둘러볼 수 있지만, 대중교통을 이용한다면 플리트비체에서 적어도 1박은 하는 걸 추천한다. 전날 도착해 플리트비체에서 하룻밤 자고 다음 날 오전 7~8시쯤 공원에 가면 사람이 몰리지 않아 여유롭게 하이킹을 즐길 수 있다. 숙소는 다음에 소개하는 세 지역에 몰려 있다.

입구 2 호텔

입구 2에서 걸어서 3분도 걸리지 않는 거리에 주차장이 완비된 호텔이 모여 있다. 입구 2 근처에 위치한 호텔 벨뷰(Hotel Bellevue, 휴업 중), 호텔 예제로(Hotel Jezero), 플리트비체 호텔(Plitvice Hotel)은 두말할 필요 없이 접근성이 장점이지만, 모두 지은 지 오래되어 시설이 노후하다.

라스토바차 마을 Rastovača

입구 1에서 걸어서 10분 거리에 있는 작은 마을로 모든 집이 숙소를 운영한다. 플리트비체에서 숙박 후 자다르나 스플리트 방향으로 이동할 여행자에게 추천한다. 마을 자체가 아기자기하고 예쁘며 대부분의 숙소는 호텔보다 시설이 깔끔하다.

> **Tips. 플리트비체 숙소 예약 팁**
> 국립공원 공식 홈페이지와 부킹닷컴 같은 숙박 예약 플랫폼을 이용해 예약할 수 있다. 예약 플랫폼에서 숙소를 찾을 때는 검색어에 주의하자. '플리트비체' 또는 'plitvice'로 검색하면 공원 입구에서 걸어서 갈 수 없는 먼 곳의 숙소까지 표시된다. 마을 이름인 'rastovača' 또는 'mukinje'로 검색해야 정확한 결과를 얻을 수 있다. 숙소를 예약할 때는 리셉션 운영시간, 취사 가능 여부, 식사 제공 여부, 주차 가능 여부 등을 미리 확인하자.

무키네 마을 Mukinje

입구 2에서 걸어서 20분 정도 걸린다. 라스토바차 마을보다 규모가 크고 숙소 수도 많다. 슈퍼마켓(Robni Centar)이 있어 장을 봐서 직접 음식을 해 먹기에 좋다.

Map 02
플리트비체 호수 국립공원 지도

Tips. 플리트비체 호수 국립공원, 어떤 코스를 따라 걸을까
- 플리트비체 호수 국립공원 공식 홈페이지의 카테고리에서 'PLAN YOUR VISIT-ACTIVITIES-Lake tour programs'를 순차적으로 클릭하면 국립공원 상부와 하부를 아우르는 다양한 하이킹 코스를 확인할 수 있다. 플리트비체 호수 국립공원 애플리케이션에서도 확인 가능하다.
- 공원 입구에 모든 하이킹 코스를 표기한 지도가 놓여 있으며 공원 곳곳에 코스 안내가 잘되어 있다. 입구 1에서 출발하는 A·B·C 코스는 안내판에 초록색으로, 입구 2에서 출발하는 E·F·H 코스는 안내판에 주황색으로 표시되어 있다. 가장 긴 K 코스는 입구 1과 2 어디서나 출발해도 된다.
- 단, 겨울 시즌과 악천후일 때는 폐쇄되는 구간이 있으니 홈페이지 또는 입구의 여행 안내소에서 미리 확인하자.

A 코스

소요시간 2~3시간 | **총거리** 3.5km | **특징** 가장 짧은 하이킹 코스. | **출발지** 입구 1 | **코스** 입구 1→벨리키 폭포와 공원 하부 호수군→입구 1

E 코스

소요시간 2~3시간 | **총거리** 5.1km | **특징** 상류만 빠르게 둘러보는 코스. 플리트비체의 하이라이트인 벨리키 폭포와 전망 포인트를 들르지 않는다. | **출발지** 입구 2 | **코스** 입구 2→P1 선착장에서 보트 승선→P2 선착장 하선→상부 호수군 하이킹→St3 정류장에서 셔틀버스 탑승→St2 정류장 하차→입구 2

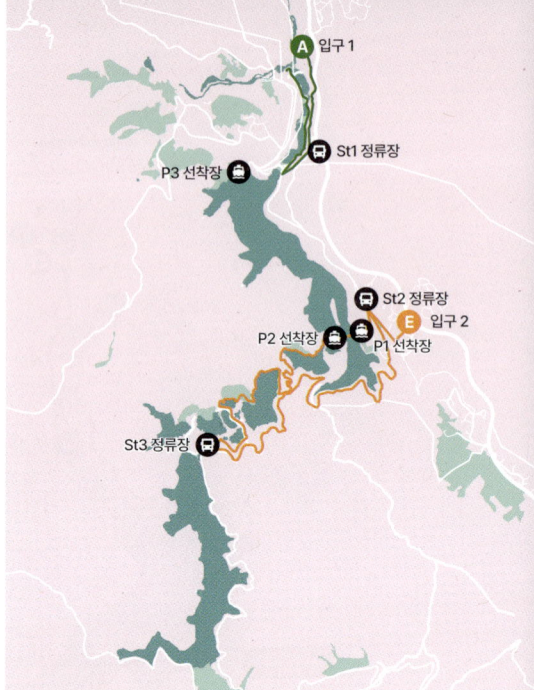

B 코스

소요시간 3~4시간 | **총거리** 4km | **특징** 플리트비체 호수 국립공원의 대표 전망 포인트를 감상하며 마무리. | **출발지** 입구 1 **코스** 입구 1→벨리키 폭포와 하부 호수군→P3 선착장에서 코자크 호수 건너는 보트 승선→P2 선착장에서 하선 후 P1행 보트 승선→P1 선착장 도착→St2 정류장에서 셔틀버스 탑승→St1 정류장 하차→전망 포인트 감상→입구 1

F 코스

소요시간 3~4시간 | **총거리** 4.6km **특징** B 코스를 반대 방향으로 도는 코스. **출발지** 입구 2 | **코스** 입구 2→P1 선착장에서 보트 승선→P2 선착장 하선→코자크 호수를 건너는 보트 승선→P3 선착장 하선→하부 호수군과 벨리키 폭포 하이킹→입구 1에서 St1 정류장으로 이동하며 전망 포인트 감상→St1 정류장에서 셔틀버스 탑승→St2 정류장 하차→입구 2

C 코스

소요시간 4~5시간 | **총거리** 8km
특징 H 코스를 반대 방향으로 도는 코스.
출발지 입구 1 | **코스** 입구 1→ 벨리키 폭포와 하부 호수군→P3 선착장에서 코자크 호수 건너는 보트 승선→P2 선착장 하선→상부 호수군 하이킹→St3 정류장에서 셔틀버스 탑승→St1 정류장 하차→전망 포인트 감상→입구 1

H 코스

소요시간 4~6시간 | **총거리** 8.9km
특징 우리나라 여행자가 가장 사랑하는 코스.
출발지 입구 2

☞ H 코스 따라 걷기 p.102

K1 코스 K2 코스

소요시간 6~8시간 | **총거리** 16.5km/17.5km
특징 플리트비체 상하부를 모두 둘러보는 코스. 보트를 타지 않고 코자크 호수 둘레를 걸어서 이동하며 경사진 구간을 지난다.
출발지 입구 1/입구 2

· **K1 코스** 입구 1 → 벨리키 폭포→하부 호수군 하이킹→코자크 호수 서쪽 하이킹→프르슈타브치(Prštavci) 폭포→토미체보 포글레달로(Tomićevo Pogledalo) 전망 포인트 감상→상부 호수군 하이킹→P2 선착장에서 보트 승선→P1 선착장 하선→코자크 호수 동쪽 하이킹→입구 1

· **K2 코스** 입구 2→하부 호수군 하이킹→벨리키 폭포→코자크 호수 서쪽 하이킹→프르슈타브치 폭포→토미체보 포글레달로 전망 포인트 감상→상부 호수군 하이킹→P2 선착장에서 보트 승선→P1 선착장 하선→코자크 호수 동쪽 하이킹→입구 2

Theme
하루 종일 플리트비체 한가득
H코스 따라 걷기

H 코스

- 상하부 호수군 모두 짧은 시간에 효율적으로 둘러볼 수 있어 가장 많은 여행자가 선택하는 코스. 공식 홈페이지에선 입구 2에서 하이킹을 시작하는 코스로 안내하지만 입구 1에서 시작해도 좋다. 동선이 조금 더 길어지지만 입구 1에서 시작했을 때만 얻을 수 있는 여러 가지 이점도 있다.
- 입구 1에서 하이킹을 시작한다면 St1 셔틀버스 정류장까지 걸어간 후 버스를 타고 St2를 지나 하이킹 코스의 시작점인 상부의 프로슈찬스코 호수, 즉 St3 정류장까지 바로 올라간다. 상부에서 하부로 갈수록 고도가 조금씩 낮아진다.

H 코스, 입구 1에서 시작하는 것을 추천!

- 성수기엔 St1 정류장에서 셔틀버스를 타야 편하게 앉아 갈 수 있다. 운행 방향 오른쪽 창가에 앉으면 St2를 지나 St3까지 가는 동안 공원 풍경을 내려다볼 수 있다.
- H 코스는 입구 1에서 끝난다. 플리트비체 일정을 마치고 바로 다른 도시로 이동할 경우 입구 1에 짐을 맡기고 하이킹을 시작하면 하이킹 후 짐을 찾을 때도 편리하다.
- 우리나라 여행자는 자그레브에서 여행을 시작해 플리트비체 호수 국립공원을 거쳐 스플리트 순으로 여행하는 동선을 선호한다. 스플리트 방향 장거리 버스는 입구 1에서 타야 좌석 확보가 수월한 편이다.

H 코스 응용 편 출발!

Step 01

일반적으로 H 코스의 출발점이 되는 정류장은 St2다. 응용 편에선 플리트비체의 주 출입구인 입구 1에서부터 하이킹 시작!

Step 02

안내판에 H 코스가 없어도 당황하지 말자. St1 정류장 방향으로 쭉쭉 이동.

Step 03

숲길을 걷다 보면 드디어 H 코스 안내판이 보이기 시작한다.

Step 04

하이킹을 시작한 지 얼마 되지 않았는데 벌써 플리트비체를 대표하는 호수 풍경과 마주한다.

Step 05

입구 1에서 St1으로 가는 동안 만나는 두 번째 전망 포인트. 위쪽은 밀라노바츠 호수(Milanovac jezero), 아래쪽은 가바노바츠 호수(Gavanovac jezero)다.

Step 06

St1 정류장에 도착했다. 정류장 주위엔 카페, 화장실, 벤치가 있다. 사람이 많지 않으면 와이파이도 잘 잡힌다. 공원 내를 다니는 셔틀버스를 타고 St2로 이동한다.

Step 07

St1 정류장에서 출발한 버스는 St2를 들러 St3까지 간다. St2는 입구 2 근처에 있다. 무키네 마을 또는 입구 2에 위치한 호텔에 숙박했다면 St2에서 버스를 타자.

Step 08

셔틀버스의 기점인 St3 정류장 도착! 여기서 모두 하차해 상하부 호수를 아우르는 H 코스를 따라 걷기 시작한다. 선착장까지 가는 동안 화장실이 없으므로 여기서 미리 다녀오자.

> **Step 09**

첫 번째로 여행자를 맞는 호수는 고도 637m에 위치한 프로슈찬스코 호수다. 새로운 호수와 폭포가 나올 때마다 고도, 깊이, 넓이, 높이를 알려주는 안내판이 있다.

> **Step 10**

점점 고도를 낮춰 내려간다. 평지에선 한없이 고요했다가 경사진 곳에선 물이 콸콸 아래로 흘러가는 모습을 볼 수 있다. 계속해서 H 코스 표지판을 따라 걷는다.

> **Step 11**

갈로바츠 호수(Galovac jezero)에서 그라딘스코 호수(Gradinsko jezero)로 가는 길에 아름다운 폭포와 만난다.

> **Step 12**

평온한 그라딘스코 호수의 풍경을 감상하며 계속 걷는다. 그 길 끝에 선착장 P2가 있다.

> **Step 13**

P2 선착장에서 배를 타면 플리트비체에서 가장 큰 코자크 호수를 건너 공원 하부에 위치한 선착장 P3로 간다.

> **Step 14**

P3 선착장에는 음식점, 화장실, 매점, 벤치가 있어 쉬어가기 좋다. 음식점에서 햄버거, 커피 등을 파는데 맛은 기대하지 않는 편이 좋다.

> **Step 15**

다시 H 코스 표지판을 따라 걷는다. 공원 하부 호수군에서는 'BIG WATERFALL'로 가는 길이라는 안내판을 계속 만날 수 있다.

> **Step 16**

입구 1에서 St1 정류장으로 가는 길에 내려다보았던 밀라노바츠 호수와 가바노바츠 호수를 지난다. 하부 호수군에서는 나무 데크와 흙길이 번갈아 나온다.

> **Step 17**

걷다 보면 오른쪽에 슈플야라 동굴(Šupljara)로 올라갈 수 있는 계단이 나온다. 계단 끝까지 올라가면 오히려 전망이 잘 보이지 않으니 사진 속 높이까지 올라가도 충분하다. 계단이 미끄러우니 주의하자. 날이 궂으면 입구를 막아놓는 경우도 있다.

> **Step 18**

하부 호수군의 하이라이트인 벨리키 폭포(Veliki Slap)에 가까워지고 있다. 낙차 87m의 벨리키 폭포는 크로아티아에서 제일 큰 폭포다. 드디어 벨리키 폭포 앞 도착.

> **Step 19**

플리트비체의 하이라이트까지 모두 봤으니 입구 1로 돌아갈 시간이다. 지그재그로 된 오르막길을 올라가자.

> **Step 20**

입구 1로 나가기 전에 벨리키 폭포 전체를 조망할 수 있는 전망 포인트가 있다. 입구 1에서 하이킹을 시작했다면 여기서 일정을 마무리하고, 입구 2에서 하이킹을 시작했다면 St1 정류장까지 걸어간 후 셔틀버스를 타고 입구 2까지 가면 된다. H 코스 완주 성공!

Food & Drink

맛집 황무지 플리트비체에서 제대로 챙겨 먹는 한 끼

가장 짧은 코스라도 3km 이상 걸어야 하는 플리트비체에서는 든든하게 잘 먹는 일이 정말 중요하다. 하지만 막상 가보면 제대로 된 음식점 찾기가 하늘의 별 따기만큼 어렵다. 만족스럽지 않을지언정 든든하게, 플리트비체에서는 어디서 무얼 먹으면 좋을까?

공원 내 음식점, 카페를 이용하자
입구 1과 입구 2, 공원 내 각 셔틀버스 정류장, P3 선착장에 음식점과 카페가 있다. 이래도 되나 싶을 정도로 대부분의 메뉴가 특별히 맛있지는 않다. 공원 내 모든 음식점, 카페에서는 신용 카드 결제만 가능하다.

취사가 가능한 숙소에서 직접 해 먹자
라스토바차 마을과 무키네 마을에 위치한 아파트먼트 숙소에선 주방을 사용할 수 있다. 독채에 숙박할 경우 자유롭게 쓸 수 있고, 객실 하나를 빌릴 경우 사전에 주인에게 양해를 구하면 대부분 쓸 수 있게 해준다. 직접 음식을 해 먹을 생각이라면 플리트비체 직전 도시에서 미리 장을 보는 걸 추천한다.

숙소에 딸린 음식점을 이용하자
입구 2 근처 호텔에는 호텔에서 운영하는 레스토랑이 있고, 아파트먼트 숙소 중 레스토랑을 함께 운영하는 공간도 있다. 레스토랑이 따로 없어도 투숙객을 위해 아침 식사와 저녁 식사를 제공하는 민박도 있다. 예약 전에 체크하자.

한 줄기 빛, 각 마을에 하나뿐인 음식점
제대로 된 음식점을 찾기 힘든 상황에서 라스토바차, 무키네 마을에 구글 지도 후기가 2000개가 넘고 평점이 4.2인 레스토랑이 각각 하나씩 있다.

리츠카 쿠차 Lička kuča
📍 Rastovača 11(라스토바차 마을) 🚶 입구 1 매표소에서 도보 5분 🕐 11:00~23:00, 비수기 단축 영업 ❌ 화요일
🍴 메인 €17.25~

피제리아 부츠니차 Pizzeria Vučnica
📍 Mukinje 64(무키네 마을) 🚶 입구 2 매표소에서 도보 20분 🕐 07:00~23:00, 비수기 단축 영업 ❌ 연중무휴
🍴 피자 €10~

Part 04

처음 만나는
푸르고 붉은 바다
자다르

Zadar

Intro

우리가 자다르에 가야 하는 이유

기원전 7세기부터 오랜 기간 지중해 무역의 거점이었던 자다르는 로마 제국의 속주(屬州)로 아드리아해의 중심지로 발돋움했고, 이후 중세 시대를 거치며 베네치아 공화국의 통치를 받았다. 아드리아해 안쪽에 위치한 베네치아는 지중해를 장악하기 위한 기항지로 이스트라반도부터 달마티아 지방에 이르기까지 현재의 크로아티아 해안 도시 대부분을 활용했다. 그중에서도 아드리아해 한가운데 자리 잡은 자다르가 주요 거점이 된 것은 당연한 일. 요충지로서 다른 도시보다 철저하게 구축된 방어 체계 중 구시가 성벽, 육지의 문 같은 일부 시설은 2017년 유네스코 세계 문화유산으로 등재되었다.
현재 자다르는 크로아티아에서 다섯 번째로 큰 도시다. 자그레브에서 크로아티아 여행을 시작했다면 자다르에서 처음으로 아드리아해와 마주하게 된다. 삼면이 바다로 둘러싸인 자다르 구시가에서는 아침의 바다와 저녁의 바다가 다르다. 푸르디푸른 아침의 바다가 가릴 것 하나 없는 수평선 너머로 지는 해를 삼켜 붉게 물든 저녁의 바다가 될 때면, 이 도시에서 묵길 참 잘했다는 생각이 든다.

Tips. 자다르 여행 안내소 Tourist Information Center Zadar
나로드니 광장 바로 옆에 자리한 자다르 여행 안내소에는 자다르와 주변 지역에 관한 안내 책자, 팸플릿이 충실하게 준비되어 있다.
📍 Ul. Jurja Barakovića 5
🚶 나로드니 광장에서 도보 1분
🕐 월~금요일 08:00~20:00, 주말 09:00~14:00, 성수기 연장 운영
✈ zadar.travel
📷 likezadar
📖 p.120-B2

Map 01

자다르 교통 지도

🚌 장거리 버스
✈ 항공

헝가리 Hungary

슬로베니아 Slovenia

자그레브 Zagreb
✈ 자그레브 국제공항

로빈 Rovinj

3시간 30분~4시간 🚌

라스토케 Rastoke

플리트비체 호수 국립공원
Nacionalni park Plitvička jezera

보스니아 헤르체고비나
Bosnia and Herzegovina

🚌 1시간 30분~2시간

자다르 Zadar

🚌 1시간 10분~1시간 30분

🚌 2시간 30분~3시간

🚌 약 8시간 30분

시베니크 Šibenik
프리모슈텐 Primošten
트로기르 Trogir
스플리트 Split
✈ 스플리트 국제공항
흐바르섬 Hvar

두브로브니크 Dubrovnik
✈ 두브로브니크 국제공항
차브타트 Cavtat

이탈리아 Italy

Access 01

자다르로 이동하기: 장거리 버스

자다르는 달마티아 지역에서 두 번째, 크로아티아에서 다섯 번째로 큰 도시라 교통이 편리하다. 달마티아 지역의 북쪽 관문으로 불리는 만큼 내륙과 해안 도시를 이어주는 연결고리 역할을 하며 장거리 버스 노선도 많다.

장거리 버스

- 자다르는 자그레브나 플리트비체 호수 국립공원에서 스플리트로 가는 중간에 들르기 좋은 위치다. 따라서 자다르에서 스플리트로 가는 버스는 대부분 앞의 도시에서 승객을 태우고 오는 경우가 많다.
- 달마티아 지역의 제1도시는 스플리트, 제2도시는 자다르인 만큼 자다르에서 출발해 스플리트로 가는 버스도 있다. 다른 도시에서 출발해 자다르에 들렀다 스플리트로 가는 버스는 연착이 잦지만, 자다르가 출발점인 버스는 비교적 정시에 운행하는 편이다.
- 자다르에서 북쪽 자그레브로 가는 버스는 스플리트로 가는 버스보다 상대적으로 앉아서 갈 확률이 높다.
- 평소엔 탑승 당일에 버스표를 사도 되지만 성수기엔 트래블링닷컴(traveling.com), 플릭스버스(FlixBus)의 홈페이지나 애플리케이션에서 예약하는 것을 추천한다.

☞ 도시 간 이동하기: 장거리 버스 p.274

🚍 트래블링닷컴 traveling.com 🚍 플릭스버스 global.flixbus.com

자그레브→자다르

🚌 하루 20회 이상 ⏱ 3시간 30분~4시간 💶 €15~20

플리트비체 호수 국립공원→자다르

🚌 하루 3~5회 ⏱ 1시간 30분~2시간 💶 €15

자다르→스플리트

🚌 하루 15~25회 ⏱ 2시간 30분~3시간 💶 €15~20

Tips. 자다르 버스 터미널 이용하기

자다르 버스 터미널(Autobusni kolodvor Zadar)은 구시가 초입에서 1.3km 정도 떨어져 있다. 매표소 밖으로 나가면 바로 승하차장이고 플랫폼 번호와 행선지가 표시되어 있다. 버스 터미널에는 카페, 화장실(€0.5), 유인 짐 보관소, ATM이 있고 터미널 옆 건물에 슈퍼마켓 콘줌과 맥도날드가 있다. 도시 규모를 생각하면 터미널 시설은 열악하다. 앉아서 쉴 수 있는 공간도 별로 없다.

📍Autobusni kolodvor Zadar ⏰ 유인 짐 보관소 08:00~24:00 💰 유인 짐 보관소 15kg 이하 짐 1개 시간당 €1, 1일 최대 €5, 15kg 이상 짐 1개 시간당 €1.5, 1일 최대 €8 🔗 liburnija-zadar.hr 📖 p.121-E4

버스 터미널에서 구시가까지: 시내버스

자다르 버스 터미널 밖으로 나가면 바로 앞 인도에 가판대 티삭과 시내버스 정류장이 있다. 여기서 2·4번 버스를 타면 구시가에 갈 수 있다. 4번 버스는 역방향으로 운행하는 경우도 있으므로 타기 전에 꼭 행선지를 확인하자. 버스는 구시가를 둘러싼 성벽에 남아 있는 '바다의 문' 앞 정류장에 정차한다.

⏱ 약 10분 🏷 €1.59

Tips. 시내버스 승차 팁

탑승할 때 기사에게 요금을 지불하면 따로 버스표를 각인할 필요가 없어 편하다. 티삭에서 승차권을 산 경우에는 시간 각인이 필요하다.

버스 터미널에서 구시가까지: 택시, 도보

자다르 버스 터미널에서 구시가 입구에 해당하는 '다섯 우물 광장'까지 택시를 타면 5분 정도 걸린다. 우버와 볼트도 이용 가능하다. 도보로는 20분 정도 걸린다.

🏷 €5~8

Access 02

자다르 시내 교통

모든 볼거리는 바다에 면한 구시가에 모여 있다. 구시가에 숙소를 잡은 여행자는 버스 터미널과 구시가 사이를 오갈 때 외에는 대중교통을 이용할 일이 없다. 구시가와 버스 터미널 중간 지역에 숙소를 잡았다면 버스 터미널과 숙소, 숙소와 구시가 사이를 충분히 걸어서 다닐 수 있다.

시내버스

리부르니야(Liburnija) 사에서 운행하며 노선과 요금 안내는 홈페이지에 자세하게 나와 있다. 여행자가 알아두면 좋은 노선은 자다르 버스 터미널과 구시가를 오가는 2·4번 버스다. 버스 터미널에서 구시가로 갈 때는 터미널 바로 앞 정류장, 구시가에서 버스 터미널로 갈 때는 '바다의 문' 정류장에서 버스를 탄다. 버스표는 티삭에서 사거나 탑승할 때 기사에게 직접 구매한다.

€1.59(티삭, 기사에게 구매 동일) liburnija-zadar.hr/gradski-prijevoz

택시

자다르 버스 터미널 앞에 택시 정류장이 있다. 구시가에서 버스 터미널이나 공항으로 이동할 때는 우버, 볼트 이용을 추천한다.

구시가에서 버스 터미널까지 €5~8, 구시가에서 공항까지 €20~25

Accommodation

자다르 숙소

당일치기 또는 대형 크루즈를 타고 입항해 구경하다 밤엔 크루즈로 돌아가는 여행자가 많다. 따라서 낮의 혼잡도에 비해 숙소를 구하기는 수월한 편이다.

위치
구시가 지역, 그리고 구시가와 버스 터미널 사이 지역으로 구분할 수 있다. 숙소 컨디션은 두 지역이 크게 다르지 않다. 노을과 야경까지 보고 느긋하게 돌아다니려면 구시가에 숙소를 정하는 게 좋다. 햇볕이 뜨거운 한여름에는 중간에 숙소에서 쉬었다가 나갈 수 있다는 것도 장점이다.

타입
호텔보다 아파트먼트, 게스트 하우스 등 개인이 운영하는 숙소가 많다. 호텔의 규모도 크지 않다.

비용
위치로는 구시가, 숙소 형태로는 호텔이 숙박비가 비싸다. 크로아티아 전체로 보면 바닷가에 위치한 도시지만 숙박비는 비교적 저렴한 편이고, 자다르 이남으로 갈수록 숙박비가 비싸다.

추천 숙소

숙소명	숙박비	주소/찾아가기
부티크 호스텔 포럼 ★★ Boutique Hostel Forum	7만~10만 원	⊙ Široka ul. 203 ⊼ 성 도나트 성당에서 도보 2분
테아트로 베르디 부티크 호텔 ★★★★ Teatro Verdi Boutique Hotel	17만~19만 원	⊙ Ul. Prokonzula Grgura 3 ⊼ 성 도나트 성당에서 도보 3분
호텔 바스티온 ★★★★ Hotel Bastion	28만~43만 원	⊙ Trg tri bunara 1 ⊼ 성 도나트 성당에서 도보 6분

* 숙박비: 비수기 평일/1박/더블 룸/2인 기준.

Guide to Zadar

자다르 추천 여행

북쪽 자그레브에서 여행을 시작했든 남쪽 두브로브니크에서부터 이동했든 상관없이 크로아티아 일주를 할 때 자다르는 전체 일정의 중간 기착지 역할을 한다.

자다르 여행법
바다를 향해 툭 튀어나온 반도인 구시가에 명소가 모여 있다. 해안을 따라 조성된 산책로를 이용해 구시가를 한 바퀴 도는 데 40분 정도 걸린다. 서너 시간이면 거의 모든 명소를 둘러볼 수 있지만, 자다르 여행의 하이라이트인 해넘이를 보려면 자다르에서 1박하는 걸 추천한다. 렌터카 여행자는 플리트비체 호수 국립공원-자다르-스플리트 구간을 하루에 이동하는 경우도 있는데 야간 운전은 추천하지 않는다.

추천 코스
- **13:00** 구시가 입구인 **다섯 우물 광장**에서 출발!
- **13:10** 바닷가 산책길로 통하는 **육지의 문**을 지나
- **13:30** 해안선 따라 걸으며 **바다 오르간**과 **태양의 인사** 방문
- **14:00** 산책길을 되짚어 가 고대 로마의 중심지였던 **포럼**으로
- **14:10** 독특한 외관의 **성 도나트 성당**의 외관 구경
- **15:00** **성 스토시아 대성당**의 종탑에 올라 전망 감상
- **16:00** 카페에서 해 지는 시간 기다리기
- **17:00** 일몰 시간에 맞춰 **태양의 인사** 앞에 자리 잡고 대기
- **17:30** 해넘이 시간, **태양의 인사**에 불이 들어오는 순간 즐기기
- **18:30** 구시가에서 가장 번화한 **시로카 거리** 산책으로 마무리

Theme

파도의 연주를 들으며 맞는 세상 가장 아름다운 해넘이

자다르는 전 세계가 사랑하는 축구 선수 루카 모드리치의 고향이다. 그가 고향 구단(NK 자다르)의 유소년 아카데미에서 한창 축구를 배우던 1990년대, 크로아티아는 평화와는 거리가 먼 곳이었다. 유고슬라비아 사회주의 연방 공화국으로부터의 독립을 선언한 후 자다르를 포함한 크로아티아 곳곳은 황폐해져만 갔기 때문이다. 베네치아 공화국과 오스만 제국의 침공과 약탈을 견뎌야 했던 11세기부터 20세기 참혹한 내전의 시대를 지나 지금은 그 어느 때보다 평화로운 자다르의 땅과 바다. 바다를 향해 시원하게 뚫린 구시가의 광장에서 뻥뻥 공을 차는 어린 아이들을 보면 공이 바다로 떨어지지 않을까 조마조마할 뿐이다. 바로 거기, 아드리아해로 열린 구시가의 서쪽 끄트머리에서 해 질 녘 마법 같은 시간이 펼쳐진다.

Pick! 자다르 석양 명소
- 바다 오르간
- 태양의 인사

Sightseeing 01

바다 오르간 Sea Organ(Morske orgulje)

자연과 인간의 완벽한 협업

구시가를 둘러싸고 아드리아해 방향으로 열린 산책로를 걷다 보면 어느 순간 "뿌우, 삐익" 생경한 소리가 들려온다. 바로 자다르의 상징인 바다 오르간이 내는 소리다. 이곳은 제2차 세계 대전 이후 도시를 복구하며 콘크리트로 덮어버린 구역을 재정비하는 과정에서 탄생했다. 바다에 수직으로 박아놓은 파이프 35개와 5개의 휘슬이 파도의 움직임에 따라 공명하며 각기 다른 소리를 내는데, 그 소리가 파이프 오르간 소리와 닮았다 하여 '바다 오르간'이라는 이름이 붙었다. 날씨에 따라 소리가 달라 매일 새롭게 자연의 연주를 감상할 수 있다. 바다 오르간을 만든 크로아티아 건축가 니콜라 바시치(Nikola Bašić)는 이곳을 대중에게 공개한 이듬해인 2006년 유럽 공공설치예술상을 받았다.

⊙ Obala kralja Petra Krešimira IV ⚶ 다섯 우물 광장에서 바닷가 산책로 또는 시로카 거리를 지나 도보 15분, 포럼에서 도보 7분 📖 p.120-A1

Sightseeing 02

태양의 인사 Greeting to the Sun(Pozdrav suncu)
하늘의 해가 지면 떠오르는 땅의 해

바다 오르간 근처에 니콜라 바시츠의 또 다른 작품인 태양의 인사가 있다. 겉보기엔 평범한 유리 바닥이지만 여기에는 특별한 기술이 담겨 있다. 태양열 전지와 LED의 조합으로 이루어진 유리판 하나하나가 낮 동안 열심히 태양열을 저장했다가 어둠이 내리면 빛을 발하기 때문. "세상에 2개의 태양이 있을 수 없다"라는 말을 증명하듯, 하늘의 해가 거의 넘어가 수평선 부근에서 붉은빛을 낼 때가 되면 이곳의 진면목이 드러난다. 형형색색 빛나는 유리판은 마치 바다 오르간의 연주에 맞춰 춤을 추는 듯하다. 두 작품이 빚어내는 완벽한 하모니 덕분에 자다르의 노을은 매일 특별하다.

✦ 바다 오르간 바로 뒤편 ⌖ p.120-A1

Note

자다르의 푸른 바다를 즐기는 방법

자그레브에서 여행을 시작했다면 크로아티아에서 만나는 첫 바다는 아마 자다르의 아드리아해일 것이다. 찬찬히 변화하는 바다의 풍경을 즐길 수 있는 2가지 방법을 소개한다.

Pick 01 구시가 해변 따라 자다르 산책

직사각형 모양의 자다르 구시가는 바다와 마주한 세 변과 육지와 이어진 한쪽 변까지 전체를 둘러싼 산책길이 조성되어 있다. 육지 쪽 입구에 있는 옛 항구 포샤(Foša)에서 시작하는 산책로는 자다르 대학교를 지나 태양의 인사까지 일직선으로 쭉 뻗는다. 신시가 방향으로 옛 성벽 위에 오르면 구시가의 골목골목과 신시가의 항구가 한눈에 펼쳐진다. 성벽 산책로는 바다의 문과 여행 안내소 인근 뉴게이트(Nova vrata) 쪽 계단으로도 올라갈 수 있다.

G 바닷가 산책로 Riva Zadar, 성벽 산책로 Zadar City Walls, Nova vrata Zadar, Sea Gate Zadar

Pick 02 태양의 인사에서 제대로 즐기는 일몰

해가 넘어가며 시시각각 변하는 하늘과 바다의 색을 제대로 즐기려면 늦어도 일몰 20분 전에는 태양의 인사 앞쪽 바닷가에 자리를 잡는 게 좋다. 태양의 인사는 해가 완전히 떨어지고 어두워진 후에 좀 더 선명한 불빛을 볼 수 있다. 한여름에도 바닷바람이 서늘하게 느껴질 수 있으니 얇은 긴팔이나 스카프를 챙겨가자. 아래의 사이트에서 예상 일몰 시간을 확인할 수 있다.

timeanddate.com/sun/croatia/zadar

바다로 둘러싸인 자다르의 구시가를 걷다 보면 마치 섬을 산책하는 기분이 든다.
구시가의 모든 명소는 걸어서 둘러볼 수 있는데, 중세 시대의 모습이 고스란히
남아 있는 구시가 중심부에는 자동차가 다닐 수 없어 한결 여유롭다.

Best Spots

자다르 추천 스폿

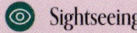 Sightseeing

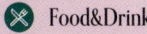 Food&Drink

🛍 Shopping

 Sightseeing 03

바다의 문 Sea Gate(Morska vrata)
자다르 대중교통의 출발점

구시가와 신시가를 이어주는 문. 로마 시대에 세운 아치가 있던 자리에 레판토 해전(1571년 그리스 레판토 항구 인근에서 기독교 연합 함대가 오스만 제국 함대에 승리한 전투) 승리를 기념해 1573년에 만들었다. 문 밖에는 버스 터미널과 공항으로 가는 버스를 타는 정류장, 주차장이 있다.

📍 Ul. Vrata Svetog Krševana 🚶 버스 터미널에서 시내버스 2·4번을 타고 5분, 육지의 문에서 도보 8분 📖 p.120-B2

육지의 문 The Land Gate(Kopnena vrata)  Sightseeing 04
자다르를 지키는 아름다운 관문

구시가가 성벽으로 둘러싸여 있던 시절, 이곳은 자다르로 들어가는 가장 중요한 관문이었다. 1543년에 세운 육지의 문은 이탈리아 출신 건축가 미켈레 산미켈리(Michele Sanmicheli)가 설계했으며 현재 달마티아 지역에 남아 있는 가장 아름다운 르네상스 건축물로 평가받는다. 3개의 아치 중 가운데는 바퀴 달린 탈것, 양옆은 보행자가 다니는 문이다. 가운데 아치 위에 조각된 날개 달린 사자는 베네치아 공화국의 수호성인 성 마르코의 상징이다.

🚶 버스 터미널에서 도보 20분, 태양의 인사에서 바닷가 산책로를 따라 도보 15분 📖 p.120-B3

Sightseeing 05
다섯 우물 광장
Five Wells Square(Trg. pet bunara)
구시가 여행의 출발점

6세기 오스만 제국의 공격에 맞서 성벽 안쪽 주민들이 버틸 수 있도록 만든 우물이 일렬로 놓여 있다. 우물 맞은편 오각형 탑은 옛 성벽의 탑 중 현존하는 유일한 탑이다. 광장 맞은편에는 로마 시대에 제작한 기둥이 서 있는데, 바닥에 유리판을 깔아 당시 유적이 훤히 보인다.

📍Trg pet bunara 1 🚶육지의 문에서 도보 1분 📖p.120-C3

Sightseeing 06
나로드니 광장 People's Square(Trg. Narodni)
일상의 중심이 된 시민의 광장

중세부터 자다르 행정의 중심지였던 곳으로 지금은 시(市) 청사가 들어서 있다. 1562년에 세운 옛 도시 방위대 건물은 현재 박물관으로 사용 중이고, 분홍색 시계탑은 19세기 초에 추가했다. 맞은편 르네상스 양식의 로지아는 1656년에 세웠다. 광장을 기준으로 포럼, 노천 시장, 다섯 우물 광장, 바닷가 산책로, 신시가 모두 걸어서 5분 이내에 갈 수 있다.

📍Trg narodni 🚶다섯 우물 광장에서 도보 3분, 바다의 문에서 도보 5분 📖p.120-B2

 Sightseeing 07

시로카 거리 Široka
자다르의 구시가를 관통하는 대동맥

나로드니 광장부터 성 스토시아 대성당까지 직선으로 약 350m 뻗은 시로카 거리는 자다르에서 가장 넓고 번화한 길이자 가장 오래된 길이다. 발길에 닿아 반짝이는 대리석 바닥이 자다르의 역사를 보여준다.

📍 p.120-B2

포럼 Forum Sightseeing 08
로마 제국의 영광이 어린 광장

포럼은 고대 로마의 도시 어디에나 있던 중심 광장을 일컫는다. 자다르의 포럼은 기원전 1세기부터 기원후 3세기에 걸쳐 만들어졌다. 지금은 기둥 일부, 건축물의 기단 등 대리석 덩어리들이 파편처럼 존재할 뿐이지만, 한때는 로마의 3대 신을 모시는 신전이 모두 있을 정도로 규모가 컸다고 한다. 노천 테이블을 중심으로 성 도나트 성당과 성 스토시아 대성당의 종탑이 나란히고, 맞은편에는 주로 로마 시대 유물을 전시하는 국립 고고학 박물관이 있다. 자다르에서 열리는 모든 이벤트의 무대가 되는 곳으로 여름에는 늦은 밤까지 사람들로 북적인다.

🚶 나로드니 광장에서 도보 6분, 바다 오르간에서 도보 7분 📍 p.120-B2

 Sightseeing 09

성 도나트 성당
Church of St Donat(Crkva Sv. Donata)

외관이 독특하고 신기한 성당

포럼 한쪽에 자리한 견고하고 단단한 외관의 건물은 자다르의 주교이자 외교관이었던 도나트 성인의 이름을 딴 성당이다. 9세기에 세워 로마네스크 양식 이전의 독특한 원통형 외관을 간직하고 있으며, 원형 기둥 등 내부의 일부 구조물은 로마 시대 유적을 가져다 썼다. 내부 관람이 가능하지만 인상적인 외관에 비해 다소 휑한 느낌이다. 현재 종교 시설의 역할은 하지 않고, 소리의 울림이 좋아 공연이 자주 열린다.

📍 Grgura Mrganića 🚶 나로드니 광장에서 도보 5분 ⏰ 4~5월, 10월 16~31일 09:00~17:00/6월~7월 12일, 9월~10월 15일 09:00~19:00/7월 13일~8월 09:00~21:00 ❌ 11~3월 💶 €3.5 🗺 p.120-B2

 Sightseeing 10

성 스토시아 대성당
Cathedral of St Anastasia(Katedrala svete Stošije)

대성당 위 종탑에서 누리는 전망

12~13세기에 세운 로마네스크 양식의 건축물로 달마티아 지방에서 규모가 가장 큰 성당이다. 파사드를 바라보는 상태에서 오른쪽 문 상단엔 성 마르코의 상징인 사자상, 왼쪽 문 상단엔 〈누가복음〉을 쓴 성 루가의 상징인 황소상이 새겨져 있다. 1202년 제4차 십자군 원정과 제2차 세계 대전 때 심각한 피해를 입었으나 지금은 복구되었다. 성당에 딸린 종탑에서 구시가와 신시가를 한눈에 조망할 수 있고, 맑은 날은 멀리 산맥까지 보인다. 강풍이 불거나 악천후에는 종탑을 개방하지 않는다.

📍 Trg Svete Stošije 2 🚶 나로드니 광장에서 도보 4분, 바다 오르간에서 도보 6분 ⏰ 성당 부정기 운영, 종탑 10:00~18:00(동절기 단축 운영) ❌ 일요일·공휴일 💶 성당 €3, 종탑 €4, 통합 €5 🗺 p.120-B2

Food&Drink 01
레스토랑 포 칸투나 Restoran 4 Kantuna
모두가 손꼽는 자다르 최고 맛집

영업시간 내내 손님이 끊이지 않고 식사 시간에는 기다리는 일이 예사인 식당. 밖에서 보는 것보다 실내가 넓은 편이며 해산물, 육류, 파스타, 피자 등 모든 메뉴가 고루 맛있고 푸짐하다. 어린이, 비건 메뉴도 준비되어 있다. 와인 리스트 또한 매우 충실하며, 특히 달마티아 지방 와인이 많다. 식사 시간을 피해 방문하거나 홈페이지에서 예약하는 것을 추천한다.

📍 Varoška ul. 1 🚶 포럼에서 도보 5분 🕐 12:00~24:00
🍴 메인 요리 해산물 €15~55, 육류 €16~31, 피자 €11~14.5 ✈ restaurant4kantuna.com(예약 가능)
📷 restaurant4kantuna 📖 p.120-B2

Food&Drink 02
아르트 카바나 Art Kavana
평범한 오늘이 특별해지는 케이크

자다르 사람들도 특별한 날엔 이곳에서 케이크를 주문한다. 계절에 따라 맛볼 수 있는 종류가 달라지며, 언제 가더라도 10종 가까운 케이크가 진열되어 있다. '파그 섬 치즈로 만든 라즈베리 치즈케이크', '자다르 타르트' 등 아르트 카바나만의 특색 있는 케이크를 추천한다. 와이파이 속도가 빠르고 화장실이 깨끗하며 실내가 넓어 느긋하게 시간을 보내기 좋다.

📍 Ul. Bartola Kašića 1 🚶 포럼에서 도보 11분, 다섯 우물 광장에서 도보 2분 🕐 07:00~22:00 🍴 조각 케이크 €3~5.5, 커피 €1.5~3.5 📷 art_kavana 📖 p.120-C3

Food&Drink 03
레스토랑 브루스케타 Restoran Bruschetta
바다를 눈앞에 두고 즐기는 식사

육지의 문과 태양의 인사를 잇는 산책로에 위치한다. 겨울이 아닌 이상 노천 테이블 먼저 만석이 되므로 식사 시간에 방문할 예정이라면 전화 예약을 권한다. 자다르와 근교에서 나는 식재료를 주로 사용하고 해산물 메뉴가 인기 있다. 우리나라 여행자들이 선호하는 오징어 먹물 리소토(Crni rižoto)는 오징어를 살짝 데쳐 식감이 부드럽고 생각보다 많이 짜지 않다. 참치 스테이크(Odrezak od tune na podlozi od povrća)도 인기가 많다.

⦿ Ul. Mihovila Pavlinovića 12 ⦿ 포럼에서 도보 3분
⦿ 12:00~23:00 ⦿ 블랙 리소토 €15.8, 메인 €14.9~33.8
⦿ bruschetta.hr ⦿ p.120-B2

Food&Drink 04
페트 부나라 다인 앤 와인
Pet Bunara Dine&Wine

해안 도시에서 즐기는 육류 요리

해산물 요리에 질린 여행자에게 더없이 반가운 곳. 소고기, 돼지고기, 양고기, 칠면조고기 등을 달마티아 지방 전통 조리법으로 요리한다. 비건 메뉴뿐만 아니라 유기농, 락토 프리, 글루텐 프리 등이 메뉴판에 기호로 표기되어 있다. 직접 만든 올리브유와 무화과잼, 라즈베리 소스를 제공하며 때에 따라 제철 식재료를 활용한 계절 한정 메뉴를 선보인다.

⦿ Stratico 1 ⦿ 다섯 우물 광장 바로 앞 ⦿ 12:00~22:00
⦿ 화요일 ⦿ 메인 €15.9~24.7 ⦿ petbunara.com
⦿ petbunara ⦿ p.120-C3

 Food&Drink 05

크레이지 피자 Crazy Pizza

맛, 양, 값을 다 챙긴 피자

도우가 얇은 이탈리아 스타일 피자. 조각으로도 판매하며, 한 조각이 피자 한 판의 4분의 1 크기라 간단한 한 끼 식사로 충분하다. 앉아서 먹을 자리가 많지 않아 포장하는 손님이 대부분이며 현금 결제만 가능하다.

📍 Stomorica ul. 1 🚶 포럼에서 도보 5분 🕐 월~금요일 09:00~24:00, 토~일요일 12:00~24:00, 비수기 단축 영업
🍴 조각 피자 €4~, 탄산음료 €2.5 📖 p.120-B2

 Food&Drink 06

젤라테리아 에바 Gelateria Eva

바닷가 산책로에서 즐기는 아이스크림

자다르에서 가장 인기 있는 아이스크림 가게. 쫀득한 이탈리아 스타일 젤라토와는 다른 크리미한 질감이 특징이다. 파르페 등 다른 메뉴도 있지만 아이스크림을 테이크아웃하는 손님이 주를 이룬다.

📍 Ul. Mihovila Pavlinovića 14 🚶 포럼에서 도보 3분
🕐 07:00~23:00, 비수기 단축 영업 🍴 아이스크림 스몰(한 스쿱) €2.6 📖 p.120-B2

 Food&Drink 07

디16 스페셜티 커피숍 자다르

D16 Specialty Coffee Shop Zadar

친근한 온기가 느껴지는 카페

우리에게 익숙한 아이스커피를 만날 수 있는 곳. 에스프레소 샷 2개가 들어간 커피는 메뉴판에 표시되어 있고, 다른 메뉴에 샷 추가를 원한다면 에스프레소를 따로 주문해야 한다. 실내가 비좁은 편.

📍 Poljana Pape Aleksandra III 3 🚶 포럼에서 도보 4분
🕐 08:00~17:00 ✕ 일요일 🍴 카푸치노 €2.2, 아이스커피 €2.8
📷 d16coffeezadar 📖 p.120-B2

인터스파 하이퍼마켓 INTERSPAR hipermarket Zadar Starčevićeva

Shopping 01

한국의 대형 마트 못지않은 슈퍼마켓

자그레브부터 두브로브니크까지 크로아티아를 여행하며 시내에서 걸어서 들를 수 있는 가장 큰 규모의 슈퍼마켓. 식료품이나 생필품뿐만 아니라 가전제품, 장난감까지 판매해 한 바퀴 돌아보는 데도 시간이 꽤 든다. 달마티아 와인을 중심으로 크로아티아 전역의 와인을 모두 만나볼 수 있다.

📍Ante Starčevića 5a 🚶버스 터미널에서 도보 3분, 다섯 우물 광장에서 도보 17분
🕐 07:00~21:00 ❌ 일요일 🗺p.121-E4

Tips. 자다르의 명물 마라스키노, 어디에서 사는 게 좋을까?

칵테일이나 케이크에 장식으로 곁들이는 붉은색의 마라스키노 체리. 자다르 일대는 마라스키노 체리 생산의 본고장으로, 마라스키노 체리를 재료로 한 리큐어 '자다르 마라스키노(Zadarski Maraschino)'는 자다르의 명물로 통한다. 크로아티아의 다른 도시에서도 종종 볼 수 있지만 자다르에서는 슈퍼마켓, 기념품점, 가판대에서도 쉽게 만날 수 있다. 마라스키노 브랜드 중 대표격인 '마라스카(Maraska)'의 다양한 주종을 시음해볼 수 있는 매장도 많다. 선물용으로 100㎖(€4~) 작은 용량에 전통 매듭으로 포장한 병을 추천!

Part 05

오래 머물고픈 오래된 도시 스플리트

Split

Intro

우리가 스플리트에 가야 하는 이유

스플리트의 기원은 4세기에 로마 황제가 세운 궁전으로 거슬러 올라간다. 로마 제국이 멸망하고 성난 파도처럼 밀려드는 이민족의 침략을 피해 주민들은 굳고 단단한 황제의 성채로 들어가 삶을 꾸리기 시작했다. 이후 몇 번이나 통치자가 바뀌고, 끔찍한 전쟁이 크로아티아를 할퀴고 지나가는 동안에도 스플리트의 유적들은 큰 피해를 입지 않았다. 자그레브에서 시작해 최남단인 두브로브니크까지 도시 간 이동이 이어지는 여행 중에 스플리트는 그야말로 단비 같은 도시다. 크로아티아 제2의 도시이자 달마티아 지방에서 가장 큰 도시답게 숙소와 식당이 많고 '육해공' 모든 교통이 편리하다.

스플리트에서는 아드리아해를 다양하게 즐길 수 있다. 리바 거리의 야자수 아래 벤치에서 '바다 멍'을 때리고, 메슈트로비치 갤러리까지 이어지는 산책로를 걷고, 구시가를 벗어난 한적한 해변에서 바닷물에 뛰어들어 보자. 푸른 동굴, 아일랜드 호핑, 선셋 투어 등 보트를 타고 바다로 나가는 투어도 많다.

Tips. 스플리트의 여행 안내소 Tourist Information Center Split
리바 거리와 열주 광장 안내소에서 여행 정보를 얻을 수 있다. 리바 거리 여행 안내소가 더 크고 덜 붐빈다. 레스토랑 가이드북 등 다양한 안내 책자를 배포하며 투어 프로그램, 숙소 예약도 도와준다.
↗ visitsplit.com/en/409/contact-us(여행 안내소별 정보)
◉ visitsplit

리바 거리 여행 안내소 Tourist Information Center Riva
📍 Obala HNP 9
🕒 월~토요일 08:00~20:00(일요일 ~14:00), 비수기 단축 운영
✖ 비수기 주말(비수기 기간 운영시간은 변동이 많으므로 상단 홈페이지 참고)
📖 p.149-D3

열주 광장 여행 안내소 Tourist Information Center Peristrl
📍 Peristil bb
🕒 월~금요일 08:00~16:00(토요일 ~14:00), 비수기 단축 운영
✖ 일요일·공휴일
📖 p.149-E3

Map 01
스플리트 교통 지도

스플리트로 이동하기: 항공

스플리트는 비행기부터 버스, 열차, 선박까지 그야말로 사통팔달의 교통망을 갖춘 곳이다. 트로기르, 흐바르섬 등 편도 1시간 내외로 다녀올 수 있는 근교 도시도 많아 며칠 머무르는 거점 도시로 삼기에 좋다.

스플리트 국제공항 Zračna Luka Split(SPU)
스플리트 시내에서 서쪽으로 약 25km, 트로기르에서 6km 떨어져 있다. 셔틀버스, 택시 정류장은 1층 출입구 바로 앞에 있고 시내버스 정류장은 도로 쪽으로 5분 정도 걸어가면 나온다.
📍Cesta Dr. Franje Tuđmana 1270, 21217 🌐split-airport.hr 📖p.148-A1

스플리트→자그레브
✈️하루 3회 ⌛약 45분 💶€47.06~ 🌐croatiaairlines.com

스플리트 국제공항↔시내: 공항 셔틀버스
스플리트 국제공항에서 시내까지 가는 가장 편리한 방법. 비행기 발착 시간에 맞추어 버스를 운행하기 때문에 버스 시간표는 수시로 달라진다. 시내에서 스플리트 국제공항으로 가는 버스 시간표는 새로 바뀔 때마다 스플리트 버스 터미널에 붙여놓으며 홈페이지에서도 확인할 수 있다. 버스표는 버스 터미널 매표소, 홈페이지에서 예약 가능하고 기사에게 바로 구매할 수도 있다.
⌛약 30분 💶€8(기사에게 구매 시 현금만 가능) 🌐plesoprijevoz.hr/en/split-croatia

스플리트 국제공항↔시내: 시내버스
37번 시내버스가 '스플리트-스플리트 국제공항-트로기르' 구간을 운행한다. 37번 버스 정류장은 구시가에서 멀리 떨어져 있고 버스에 짐칸이 없어 불편하다. 노선 또한 굉장히 빙 둘러가기 때문에 추천하지는 않는다.
🚌평일 30분에 1대(05:00~19:00 20분에 1대), 주말엔 운행 횟수가 줄어든다. ⌛1시간 이상
💶€3

스플리트 국제공항↔시내: 택시
공항 1층 출입구 앞에 택시 정류장이 있으며, 택시로 구시가 앞까지 이동할 수 있다. 차량 공유 서비스 우버나 볼트를 이용하면 택시보다 조금 더 저렴하다.
⌛약 30분 💶택시 약 €35

Access 02

스플리트로 이동하기: 장거리 버스

장거리 버스는 렌터카를 이용하지 않는 여행자가 스플리트로 가는 가장 일반적이고 편리한 방법이다. 크로아티아 곳곳에서 스플리트를 오가는 버스가 많고, 특히 달마티아 지역의 소도시와 버스 노선이 촘촘하게 연결되어 있다.

장거리 버스

여행자가 가장 많이 이용하는 노선은 자다르-스플리트, 플리트비체 호수 국립공원-스플리트, 스플리트-두브로브니크 노선이다. 현지인도 많이 이용하므로 성수기엔 트래블링닷컴(traveling.com), 플릭스버스(FlixBus)의 홈페이지나 애플리케이션에서 미리 예약하자.

· 북쪽의 도시(자다르, 시베니크 등)에서 스플리트로 들어갈 때는 버스 진행 방향 오른쪽에 앉아야 창밖으로 바다를 감상할 수 있다.
· 자주 다니진 않지만 인접한 나라를 오가는 노선도 있다. 보스니아 헤르체고비나의 모스타르(Mostar)와 사라예보(Sarajevo)로 가는 노선이 편리하다.

☞ 도시 간 이동하기: 장거리 버스 p.274
🚩 트래블링닷컴 traveling.com 🚩 플릭스버스 global.flixbus.com

자그레브 → 스플리트
🚌 하루 25회 이상 ⏱ 5~7시간 💶 €20~30

플리트비체 호수 국립공원 → 스플리트
🚌 하루 3~7회 ⏱ 4시간 30분~6시간 💶 €26

자다르 → 스플리트
🚌 하루 15~25회 ⏱ 2시간 30분~3시간 💶 €15~20

스플리트 → 두브로브니크
🚌 하루 10~25회 ⏱ 3시간 30분~5시간 💶 €20~35

Tips. 스플리트 버스 터미널 이용하기

스플리트 버스 터미널(Autobusni kolodvor Split)은 이용객 수에 비해 터미널이 작아 혼잡하다. 플랫폼은 많지만 터미널 내 편의 시설은 부족한 편. 내부에 매표소와 안내 센터, 화장실(€1), 짐 보관소, 의자 몇 개가 있을 뿐이다.

플랫폼 번호 옆에는 해당 플랫폼에서 출발하는 버스의 행선지가 적혀 있다. 똑같은 숫자의 플랫폼이 여러 개 있으니 버스를 타기 전 버스 앞 유리에 붙어 있는 버스 회사와 행선지, 출발시간을 잘 확인해야 한다.

터미널에서 리바 거리까지 가는 동안 상점과 가판대가 쭉 이어진다. 유인 짐 보관소, 우체국, 여행사, 카페, 빵집 등 여행자에게 필요한 다양한 시설이 모여 있다. 터미널 주변에는 짐 보관소가 상당히 많다. 24시간 영업이 아니므로 짐을 맡기기 전에 영업시간을 꼭 확인하자.

📍 Obala Kneza Domagoja 12 🔗 ak-split.hr 📖 p.149-F4

 ### 버스 터미널에서 디오클레티아누스 궁전까지: 도보

스플리트 버스 터미널은 구시가에서 동남쪽으로 500m 정도 떨어져 있다. 터미널을 나가 편의 시설이 모여 있는 길을 따라 7분 정도 걸으면 리바 거리가 나온다. 리바 거리 시작점에서 디오클레티아누스 궁전까지는 걸어서 1분도 채 걸리지 않는다.

Tips. 스플리트로 이동하기, 장거리 버스 VS 열차

스플리트는 열차로 갈 수 있는 크로아티아의 주요 도시 중 가장 남쪽에 있다. 하지만 열차는 장거리 버스에 비해 운행 횟수도 적고 스플리트에서 오갈 수 있는 도시도 별로 없기 때문에 장거리 버스가 더 편리하다. 스플리트 기차역은 버스 터미널 바로 옆에 붙어 있다.

Access 03

스플리트로 이동하기: 선박

크로아티아 여행의 보편적인 동선을 고려했을 때 배를 타고 스플리트로 들어갈 일은 별로 없고 스플리트에서 다른 도시나 섬으로 배를 타고 나갈 일이 훨씬 많다. 해상교통은 계절의 영향을 많이 받는다. 겨울철엔 배편이 확 줄어들므로 일정을 짤 때 주의하자.

국내선 선박

여행자가 가장 많이 이용하는 노선은 스플리트와 흐바르섬의 흐바르 타운을 오가는 노선(쾌속선)이다. 인기가 많은 노선이므로 성수기엔 미리 예약하자. 브라치섬, 비스섬 등 스플리트 앞바다의 섬으로 가는 노선도 다양하고 이용객도 많다. 4월부터 10월까지는 스플리트와 두브로브니크 사이를 오가는 배도 다닌다. 한 해의 운항 일정과 요금은 선박 회사 홈페이지에 나와 있다. ☞ 도시 간 이동하기: 선박, 열차 p.276

↗ 야드롤리니야 jadrolinija.hr/en/home ↗ 크릴로 krilo.hr/en ↗ 티피 라인 tp-line.hr/en

스플리트-흐바르 타운
🚢 성수기 하루 20회 이상, 비수기 하루 1~2회
⏱ 50분~1시간 20분 💰 €25

스플리트-두브로브니크
🚢 성수기 하루 1~8회, 비수기 비운항
⏱ 4시간 30분~5시간 30분 💰 €48

국제선 선박

이탈리아 중부의 항구 도시 안코나(Ancona)와 스플리트 사이를 오가는 국제선은 연중 주 2~3회 운항한다.

Tips. 스플리트 항구 이용하기

스플리트 항구(Trajektna Luka Split)는 스플리트 구시가 입구부터 시작해 스플리트 기차역과 버스 터미널 앞 바다까지 전체 길이가 약 1km에 이를 만큼 넓다. 항구 곳곳에 선박 회사들의 매표소가 있다. 리바 거리 초입에 자리한 건물인 터미널 F(Terminal F) 뒤쪽으로 1~6번 선착장이 있고, 흐바르 타운으로 가는 쾌속선은 여기서 타고 내린다. 7~25번 선착장은 항구를 따라 순서대로 번호가 붙어 있다. 선착장 앞에 전광판이 있으므로 타기 전 확인할 수 있다. 승선 전날 또는 승선 당일 시간을 넉넉하게 잡고 가서 선착장을 확인하는 걸 추천한다. 승선 위치를 모르겠다면 예약한 선박 회사의 매표소에 가서 물어보자.

📍 Gat Svetog Duje 1 Ⓖ ferry port split 📖 p.149-F4

Access 04

스플리트 시내 교통

스플리트의 볼거리는 구시가인 디오클레티아누스 궁전 주변에 모여 있어 여행자는 주로 도보로 이동한다. 또한 구시가에는 자동차가 들어갈 수 없으므로 렌터카 이용 시 유의해야 한다.

시내버스

스플리트 시내와 근교 도시를 다니는 시내버스는 프로메트(PROMET) 사에서 운영한다. 여행자가 이용할 만한 노선은 '스플리트 시내-스플리트 공항-트로기르'를 오가는 37번 노선이지만 버스 터미널에서 출발하는 장거리 버스를 이용하는 게 훨씬 편하고 시간을 절약할 수 있기 때문에 추천하지 않는다. 버스표는 티삭에서 사거나 탑승할 때 기사에게 직접 구매한다.

📍 promet-split.hr

택시

스플리트 버스 터미널, 항구, 스플리트 기차역 앞과 리바 거리 초입 공용주차장 쪽에 택시 정류장이 있다. 우버, 볼트 이용도 편리하다.

◆ 택시 기본요금 €3.32, 주행 요금 1km당 €1.86 가산

Tips. 스플리트 주차 정보

구시가에는 버스, 택시, 렌터카를 비롯한 모든 차량이 들어갈 수 없다. 렌터카를 이용한다면 숙소에 주차 가능 여부를 꼭 확인하자. 구시가 입구 리바 거리 초입에 최대 100대까지 주차할 수 있는 공용주차장이 있으며, 구시가를 벗어난 지점에도 공용주차장이 몇 곳 있다. 성수기와 비수기의 주차 요금이 다르고 리바 거리 앞 주차장의 요금이 가장 비싸다.

스플리트 숙소

스플리트를 찾는 여행자가 많아지면서 하루가 다르게 숙박비가 오르고 있다. 일정이 정해지는 대로 빠르게 숙소를 예약하는 걸 추천한다.

위치
모든 명소가 구시가의 중심 디오클레티아누스 궁전과 궁전을 둘러싼 신시가에 모여 있다. 버스 터미널, 항구 등도 구시가에서 걸어서 10분 거리로 가까워 궁전 주변에 숙소를 잡으면 스플리트에 머무는 내내 걸어서만 돌아다닐 수 있다.

타입
워낙 많은 여행자가 찾는 도시라 숙박 시설의 개수 자체는 많은 편이다. 하지만 구시가엔 높은 건물이 들어설 수 없기 때문에 규모가 큰 숙박 시설은 없다고 해도 과언이 아니고, 개인이 운영하는 게스트하우스, 아파트먼트 스타일의 숙소가 많다.
구시가에 있는 규모가 작은 호텔은 대부분 옛 귀족의 저택 등 유서 깊은 건축물에 들어선 헤리티지 호텔(Heritage hotel)이다. 크로아티아 정부에서 정한 기준을 충족시켜야 헤리티지 호텔로 등록할 수 있다. 디오클레티아누스 궁전 내부의 옛 건물을 개조한 호텔에서 숙박하는 건 스플리트만의 특별한 경험이다.

비용
비슷한 수준이라도 구시가 내부에 위치한 숙소의 숙박비가 비싸다. 걸어서 이동할 수 있는 거리라면 구시가 북쪽과 서쪽의 신시가, 버스 터미널 근처에 숙소를 잡는 것도 나쁘지 않다. 성수기와 비수기의 숙박비 차이가 크며, 성수기에 여행한다면 숙박 3~4개월 전에는 예약을 마치는 게 좋다.

추천 숙소

숙소명	숙박비	주소/찾아가기
마몬트 헤리티지 호텔 ★★★★ Marmont Heritage Hotel	12만~17만 원	⦿ Zadarska ul. 13 🚶 성 돔니우스 대성당에서 도보 5분
호텔 베스티불 팰리스 ★★★★ Hotel Vestibul Palace	15만~20만 원	⦿ Ul. Iza Vestibula 4 🚶 성 돔니우스 대성당에서 도보 1분
헤리티지 호텔 슬라비야 ★★★★ Heritage Hotel Slavija	19만~27만 원	⦿ Dosud 1 🚶 성 돔니우스 대성당에서 도보 2분
피아차 헤리티지 호텔 ★★★★ Piazza Heritage Hotel	24만~25만 원	⦿ Ul. Kraj Svete Marije 1 🚶 성 돔니우스 대성당에서 도보 5분

* 숙박비: 비수기 평일/1박/더블 룸/2인 기준.

Guide to Split

스플리트 추천 여행

스플리트는 수도인 자그레브보다 작은 도시지만 여행자의 동선만 고려하면 스플리트가 더 넓게 느껴질 수도 있다. 그래도 모든 명소를 다 걸어서 갈 수 있어 부담스럽지 않다.

스플리트 여행법
명소가 디오클레티아누스 궁전을 중심으로 모여 있다. 비교적 멀리 떨어진 메슈트로비치 갤러리를 제외하고 일정을 짠다면 꽉 찬 하루면 시내의 명소를 다 둘러볼 수 있다. 최소 1박은 기본이고, 시간 여유가 있다면 며칠 머물며 스플리트 주변의 트로기르, 흐바르섬 등을 들러도 좋다.

추천 코스
- 10:00 디오클레티아누스 궁전 바로 밖에 있는 **노천 시장** 구경
- 11:00 은의 문을 통해 궁전 내부로 들어가 **열주 광장** 도착
- 11:20 열주 광장에 위치한 **성 돔니우스 성당** 종탑 오르기(약 1시간 소요)
- 12:20 궁전 내부 음식점에서 점심 식사
- 14:00 궁전의 골목골목 구경하기
- 14:30 금의 문 밖에 위치한 **닌의 그레고리우스 동상**에서 소원 빌기
- 15:00 열주 광장을 지나 기념품점이 모인 **궁전 지하** 구경
- 15:30 황동의 문을 통해 **리바 거리**로 나오기
- 16:00 리바 거리의 카페나 벤치에서 쉬어가기
- 17:00 **마르얀 삼림 공원**에서 전망 감상

Theme 01

황제의 궁전에서 시작하는
고대 로마 여행

디오클레티아누스의 궁전에는 동서남북으로 난 문이 있다. 그중 리바 거리와 마주한 남쪽 황동의 문은 원래 바다와 맞닿아 있어 배를 타고 문 바로 앞까지 온 다음 내려서 궁전에 들어갔다고 한다. 1700년이 더 지난 지금은 퇴적 작용으로 인해 흔적만 남은 육지가 되었지만 말이다. 본인의 의지로 황제 자리에서 물러난 최초의 로마 황제, 디오클레티아누스의 이름을 딴 궁전은 주인의 폐쇄적인 성격을 반영하듯 사방이 높은 벽으로 둘러싸여 있다. 바다가 육지가 될 만큼 긴 시간 동안 스플리트 사람들의 튼튼한 요새가 되어준 바로 그 성벽이다.
이 궁전은 일반적인 유적과는 다르다. 지금도 궁전 안에 3000명이 넘는 사람이 살고 있고, 궁전 곳곳에서 식당과 상점이 성업 중이다. 골목마다 여행자들로 활기가 넘치며, 모두가 거리낌 없이 로마 시대에 깔린 길을 밟고 벽을 넘나든다. 디오클레티아누스 궁전은 아드리아해 동쪽 연안에서 가장 특색 있는 로마 유적으로 인정받아 1979년에 유네스코 세계 문화유산으로 등재되었다.

Pick! 디오클레티아누스 궁전의 주요 볼거리
- 열주 광장
- 성 돔니우스 대성당
- 대성당 보물관
- 주피터 신전
- 베스티불
- 궁전 지하

Note 01
한눈에 살피는 디오클레티아누스 궁전과 주변

정직한 사각형의 궁전 안에 로마의 유적과 중세 성당, 현재의 일상이 복닥복닥 교차한다. 좁은 골목에서 길을 잃어도 어떻게든 성 밖으로 나갈 수 있는 구조지만 이왕이면 좀 더 꼼꼼히 돌아보며 시간 여행을 즐겨보자.

디오클레티아누스 궁전 Diocletian's Palace(Dioklecijanova palača)

Sightseeing 01

스플리트의 기원이 된 황제의 궁전

로마 황제 디오클레티아누스가 퇴위한 뒤 머물기 위해 고향 근처에 지은 궁전으로 295년부터 약 10년간 공사가 이어졌다. 브라치섬의 돌, 이탈리아와 그리스의 대리석을 이용해 지은 사각 형태의 공간은 궁전이라기보다 군단 주둔지에 가깝다. 바다를 향하고 있는 궁전 남쪽은 황제의 공간, 북쪽은 군인과 하인의 공간이었다. 황제가 죽은 후 주인을 잃고 버려졌다가 7세기 무렵 거듭되는 이민족의 침략에 시달리던 주민들의 보금자리로 활용되기 시작했다. 견고한 성채 안으로 이주한 이들은 그 후 1000년 넘게 궁전에서 일상을 영위해왔으며, 이는 오늘날 스플리트의 시작점인 구시가의 중심이 되었다.

🚶 버스 터미널에서 도보 7분, 리바 거리에서 황동의 문을 통해 연결 📍p.149-E2

디오클레티아누스 궁전의 하이라이트

앞서 항공 사진으로 궁전과 주변의 지리를 익혔다면 이제는 궁전의 주요 스폿을 여행할 차례. 궁전의 규모만큼 구석구석 볼거리도 많지만 여기서 소개하는 명소만큼은 놓치지 말자.

열주 광장: 궁전의 정중앙. 모든 길은 열주 광장으로 통한다.
성 돔니우스 대성당과 종탑: 열주 광장에 위치한 궁전의 랜드마크.
보물관: 대성당 매표소와 작은 박물관을 겸한다.
주피터 신전: 고대 로마의 최고신 유피테르를 모시던 신전.
베스티불: 황제의 개인 공간으로 통하는 입구.
궁전 지하: 황동의 문을 통해 궁전으로 들어가면 가장 먼저 만나는 공간.
은의 문: 동쪽 출입문. 노천 시장과 이어진다.
철의 문: 서쪽 출입문. 피야차와 이어진다.
황동의 문: 남쪽 출입문. 작지만 통행량이 가장 많으며 리바 거리로 통한다.
금의 문: 북쪽 출입문. 문밖에 닌의 그레고리우스 동상이 있다.
노천 시장: 신선식품, 기념품 상점이 모여 있다.
닌의 그레고리우스 동상: 왼쪽 엄지발가락을 만지면 소원이 이루어진다는 거대한 동상.

열주 광장 Peristyle(Peristil)
아름다운 기둥으로 둘러싸인 여행자의 랜드마크

궁전의 중심. 동서와 남북 방향의 문으로 난 길이 이 광장에서 교차한다. 여행자들은 주로 리바 거리 쪽 남문을 통해 궁전으로 들어가서 지하를 지나 계단을 오르자마자 광장과 마주하게 된다. 광장은 가로 13.5m, 세로 27m의 직사각 형태로 12개의 화려한 기둥에 둘러싸여 있다. 광장 동쪽에는 성 돔니우스 대성당과 종탑이 있고, 대성당 옆에 여행 안내소가 있다. 대성당 앞에 놓인 스핑크스는 디오클레티아누스 황제가 이집트 원정 때 가져왔다고 알려져 있고, 대성당 맞은편 카페의 이름은 고대 이집트 왕국의 수도 '룩소르'다. 여름밤이면 광장은 작은 공연장으로 변하고 오가는 사람 누구나 관객이 되어 낭만을 즐긴다.

🚶 리바 거리에서 궁전 남문으로 들어가 도보 2분 📍p.149-E3

성 돔니우스 대성당 Cathedral of Saint Domnius(Katedrala Sv. Duje)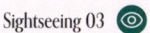

성당이 된 황제의 묘지

디오클레티아누스 황제의 영묘를 7세기에 성당으로 개축하면서 스플리트의 수호성인인 성 돔니우스의 이름을 붙였다. 스플리트 근교 도시 솔린(Solin)의 대주교였던 성 돔니우스는 디오클레티아누스 재위 시절 순교했다. 주 제단 자리에는 원래 황제의 석관이 안치되어 있었지만, 성당으로 바뀌면서 석관과 시신이 온데간데없이 사라졌다고 한다. 13세기에 지은 종탑은 57m 높이로 180개의 계단을 올라가면 스플리트 시내와 아드리아해, 돌산 조망이 360°로 펼쳐진다.

☞ 대성당 관람 전 알아두자! p.158

📍 Ul. Kraj Svetog Duje 3 🚶 열주 광장 🕐 월~토요일 대성당 08:00~18:30(종탑·지하 ~20:00)/일요일 대성당·종탑 12:00~18:00, 지하 10:00~18:00(비수기 운영시간 상이) 💰 본당 €5, 지하 €3, 종탑 €7, 통합권 별도 판매 🗺 p.149-E3

Tips. 대성당 관람 전 알아두자!

성 돈니우스 대성당 맞은편 매표소에서 본당, 지하, 종탑, 보물관, 주피터 신전의 입장권과 다양한 조합의 통합권을 판매한다. 본당과 종탑이 포함된 통합권을 추천하며, 종교 시설에 큰 관심이 없다면 종탑만 둘러봐도 좋다. 동절기와 하절기, 대성당 행사 일정에 따라 운영시간과 구매할 수 있는 통합권의 종류가 달라진다. 특히 일요일 미사, 부활절, 성탄절 등 종교 행사 때는 여행자의 출입이 불가능하니 미리 확인하자.

⏱ 월~토요일 08:00~19:30, 일요일 10:00~17:30(비수기 운영시간 상이)

통합권 종류
① 블루: €9(본당, 지하, 주피터 신전)
② 레드: €10(본당, 지하, 보물관, 주피터 신전)
③ 그린: €12(본당, 종탑, 보물관) `Pick`
④ 옐로: €13(본당, 종탑, 보물관, 주피터 신전) `Pick`
⑤ 퍼플: €15(모두 포함)

Sightseeing 04

대성당 보물관 Treasury(Riznica splitske katedrale)

대성당의 역사가 한눈에!

성 돈니우스 대성당 맞은편에 있는 매표소의 뒤쪽 공간부터 3층까지 전시 공간이 이어진다. 1층에는 모자이크 타일 등 고대 로마의 유물과 대성당을 그린 옛 그림들이, 2~3층에는 기독교 관련 유물이 전시되어 있다.

📍 Peristil ul. 5 🚶 성 돈니우스 대성당 맞은편 ⏱ 월~토요일 09:00~20:00, 일요일 10:00~18:00(비수기 운영시간 상이)
💶 €5 📖 p.149-E3

Sightseeing 05

주피터 신전 Temple Of Jupiter(Jupiterov hram)

로마의 최고신을 모시던 신전

유피테르(주피터)를 모신 신전을 세례당으로 개축했다. 목이 없는 스핑크스가 놓인 입구를 지나 좁은 내부로 들어가면 크로아티아 왕으로 추정되는 인물이 세례반에 조각되어 있다. 안쪽에는 이반 메슈트로비치의 세례자 요한의 조각상도 있다.

📍 Ul. Kraj Svetog Ivana 2 🚶 열주 광장에서 도보 1분 ⏱ 월~토요일 08:00~20:00/일요일 10:00~18:00(비수기 운영시간 상이)
💶 €3 📖 p.149-E3

Sightseeing 06
베스티불 Vestibule(Vestibul)
작지만 완벽한 야외 공연장

궁전 지하에서 열주 광장으로 통하는 계단 바로 위에 또 하나의 문이 있다. 이 문을 지나면 황제의 주거 공간으로 통하는 입구가 나온다. 지금은 천장이 뻥 뚫려 있지만 과거에는 화려한 모자이크 장식의 돔 지붕이 덮여 있고 벽면에 반원 형태로 쑥 들어간 부분에는 조각상이 놓여 있었다고 한다. 소리의 울림이 좋아 달마티아 지역의 전통 아카펠라인 클라파(Klapa)를 부르는 남성 합창단이 종종 공연을 열기도 한다.

Ul. Iza Vestibula 1 열주 광장에서 도보 1분 p.149-E3

Sightseeing 07
궁전 지하
Cellars of Diocletian's Palace(Dioklecijanovi Podrumi)
궁전의 과거를 간직한 공간

궁전 1층과 구조가 똑같고 보존이 잘되어 축조 당시 모습을 가늠할 수 있다. 궁전에 주민들이 살기 시작하면서 포도주나 올리브유를 보관하는 창고 등으로 쓰이기도 했다. 입장권을 구입해 들어가는 구역에는 디오클레티아누스 황제의 흉상이 놓여 있다. 다소 으스스한 분위기이므로 로마의 역사나 건축에 관심이 있는 사람에게만 추천한다. 황동의 문과 열주 광장을 잇는 길목에 기념품점이 모여 있다.

Ul. Iza Vestibula 3 리바 거리에서 도보 1분 10:00~16:00 부정기 €8 p.149-E3

Note 02

궁전 안팎의 세계를 연결하는 4개의 문

디오클레티아누스 궁전에는 총 4개의 출입구가 있다. 동쪽은 은의 문, 서쪽은 철의 문, 남쪽은 황동의 문, 북쪽은 금의 문으로 불린다. 모든 문에서 궁전의 중심인 열주 광장까지는 걸어서 3분 이내에 갈 수 있다.

◉ Sightseeing 08

은의 문 Silver Gate(Srebrena vrata)

성 돔니우스 대성당과 가장 가까운 문으로 노천 시장과 이어진다. 제264대 교황인 요한 바오로 2세가 스플리트를 방문했을 때 이 문을 통해 궁전으로 들어갔다.

◉ Sightseeing 09

철의 문 Iron Gate(Željezna vrata)

궁전 밖 구시가의 중심인 피야차로 통한다. 문 위쪽으로 15세기에 만든 시계탑이 있다. 12시간제가 아닌 24시간제로 표기되어 하루에 한 바퀴만 돌아간다.

◉ Sightseeing 10

황동의 문 Brass Gate(Mjedena vrata)

리바 거리로 통하는 문. 지금은 궁전과 바다 사이에 항구가 들어설 정도로 해안선이 전진했지만, 과거에는 이 문을 통해 배가 들고 났을 정도로 궁전 남쪽이 바다와 붙어 있었다.

◉ Sightseeing 11

금의 문 Golden Gate(Zlatna vrata)

305년 6월 1일, 디오클레티아누스 황제는 이 문을 통해 자신의 궁전으로 처음 들어갔다. 궁전 북쪽 일부 구역은 군대 주둔지였던 만큼 방어를 위해 이중으로 만들었다.

Note 03

스플리트를 사랑한 두 남자
디오클레티아누스와 이반 메슈트로비치

스플리트에서 북동쪽으로 5km 정도 떨어진 마을 살로나(Salona, 현재의 솔린)에서 태어난 로마 황제 디오클레티아누스, 스플리트에서 내륙으로 60km 정도 들어간 작은 마을 오타비체(Otavice) 출신 조각가 이반 메슈트로비치. 각각 기원후 3세기와 20세기를 살았던 두 남자는 국경이 무색하게 다양한 지역을 돌아다니다 스플리트에서 노년을 맞았다.
바다에 인접한 두 채의 웅장한 건축물, 디오클레티아누스 궁전과 메슈트로비치 갤러리는 그들이 각각 자신의 마지막 거주지로 지은 공간이다. 디오클레티아누스가 만든 궁전은 폐쇄적인 그의 성격을 반영하듯 사방을 높은 벽으로 둘러쌓았다. 316년경 그가 세상을 떠나고, 버려진 성채에 인근 주민들이 들어와 살기 시작한 시기가 7세기경. 스플리트는 그렇게 탄생했다. 디오클레티아누스 황제는 이 궁전에서 10여 년을 살다 생을 마감했고, 이반 메슈트로비치는 전쟁으로 유럽을 떠나 미국에서 죽음을 맞았지만 언제나 스플리트를 그리워했다.
대성당 종탑이든 마르얀 언덕이든 높은 곳 어디든 올라 스플리트의 풍경을 내려다보자. 제국을 호령하던 권력자와 최고의 심미안을 가진 예술가가 자신의 말년을 보낼 도시로 이곳을 선택한 까닭을 단번에 알 수 있는 풍경, 두 사람이 남긴 발자취를 따라 지금도 많은 이가 스플리트를 찾는다.

디오클레티아누스 황제.

이반 메슈트로비치.

Theme 02

예술가가 사랑한 도시
이반 메슈트로비치의 스플리트

북쪽의 자그레브부터 남쪽의 두브로브니크까지, 어쩜 이렇게
부지런했을까 싶을 만큼 크로아티아 구석구석에서 이반
메슈트로비치의 작품을 만날 수 있다. 조국을 사랑해 마지않던
예술가는 그중에서도 고향 근처 스플리트를 각별하게 여겨 스플리트의
상징적인 동상과 자신의 작품 세계를 집대성한 공간을 남겼다.
예술가가 자신의 노년을 위해 지은 집은 어떤 모습일까? 바다를 향해
활짝 열린 새하얀 건물 전면에는 20개가 넘는 창문이 있다. 혼자 있는
시간을 사랑했던 디오클레티아누스 황제와 달리 예술가는 사람을
좋아했다. 그는 자신의 유산이 모두에게 열린 공간이 되길 바라며
저택과 작품을 국가에 기증하고 세상을 떠났다.

Pick! 이반 메슈트로비치의 흔적들
- 닌의 그레고리우스 동상
- 메슈트로비치 갤러리
- 카슈틸라츠

닌의 그레고리우스 동상 Gregory of Nin(Spomenik Grguru Ninskomu)
반질반질 빛나는 발가락에 소원을 빌어보자

금의 문으로 나와 정면 계단으로 올라가면 8.5m 높이의 박력 넘치는 동상과 만난다. 바로 이반 메슈트로비치의 대표작인 〈닌의 그레고리우스 동상〉이다. 왼손으로 성경을 끌어안고 오른손 두 번째 손가락으로 하늘을 가리키는 포즈는 카리스마 그 자체. 그레고리우스는 900년부터 929년까지 자다르 근교의 마을 닌(Nin)의 주교직을 맡았다. 당시는 라틴어로 미사를 진행하고 성경도 라틴어로 쓰여 있었던 탓에 서민들은 성직자를 통해서만 성경의 내용을 알 수 있었다. 그레고리우스는 교회에서 크로아티아어를 사용할 수 있도록 교황청의 허가를 받아낸 인물로 지금도 큰 존경을 받는 종교 지도자다. 동상의 왼발 엄지를 문지르면 소원이 이루어지고 스플리트에 돌아올 수 있다는 속설이 있다.

Ul. kralja Tomislava 12 열주 광장에서 도보 2분 p.149-F2

Sightseeing 14
카슈틸라츠 Meštrovićeve Crikvine-Kaštilac
예술가의 신앙심이 빚은 또 하나의 역작

올리브나무 정원을 지나 안으로 들어가면 사방이 기둥으로 둘러싸인 회랑 한쪽에 문이 하나 있다. 교회 내부는 별다른 장식 없이 하얀 벽에 나무로 된 부조가 걸려 있을 뿐이지만 충분히 경건한 느낌이 든다. 부조는 이반 메슈트로비치가 1916년부터 35년에 걸쳐 28개의 목판에 새겨 넣은 예수의 생애다. 제단에는 십자가에 못 박힌 예수를 표현한 작품이 걸려 있다. 메슈트로비치 갤러리 티켓으로 입장할 수 있다.

⊙ Šetalište Ivana Meštrovića 39 🚶 메슈트로비치 갤러리에서 바닷가 산책로를 따라 서쪽으로 도보 5분 ⓛ 메슈트로비치 갤러리와 동일 🎟 메슈트로비치 갤러리 티켓으로 입장 🗺 p.148-A2

 Sightseeing 13

메슈트로비치 갤러리
Mestrovic Gallery(Galerija Meštrović)

크로아티아를 대표하는 조각가의 유산

은퇴 후 여생을 스플리트에서 보내기로 결심한 이반 메슈트로비치가 1931년부터 8년에 걸쳐 지은 거주 및 작업 공간. 그는 1932년 여름부터 제2차 세계 대전 발발로 자그레브로 이주하게 된 1941년까지 이곳에 머물렀다. 매표소 겸 기념품점에서 표를 사서 안뜰로 들어서면 그리스 신전 같은 웅장한 건물에 먼저 감탄하게 된다. 놓치면 안 되는 조각은 1932년 작품 〈피에타(Pieta)〉. 1층 단독 전시 공간에 전시되어 있으며 작업 과정을 사진과 드로잉으로 볼 수 있다. 가구나 정원 등 세세한 부분까지 작가의 손길이 닿아 있고, 특히 1층 현관과 2층 발코니에서 보이는 풍경은 자연이 만든 예술품이라 해도 좋을 정도로 아름답다. 구시가에서 다소 떨어져 있지만 방문할 가치가 충분하다.

📍 Šetalište Ivana Meštrovića 46 🚶 리바 거리 서쪽 끝 분수에서 바닷가 산책로를 따라 도보 20분 🕐 5월~10월 14일 화~일요일 09:00~19:00(10월 15일~4월 ~17:00) ❌ 월·공휴일 💶 일반 €12, 학생 €8(카슈틸라츠 입장권 포함), 현재 리노베이션 공사 중으로 50% 할인 🌐 mestrovic.hr 📖 p.148-A2

스플리트의 구시가는 디오클레티아누스 궁전 내부, 중세 시대 이후부터 발전한 신시가는 궁전 외부에 위치한다. 궁전 밖 신시가에는 스플리트 사람들의 일상이 가득하다. 다른 도시보다 명소, 음식점 등이 넓은 범위에 분포되어 있지만 걸어서 둘러볼 수 있다.

Best Spots
스플리트 추천 스폿

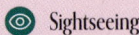 Sightseeing

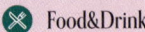 Food&Drink

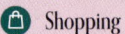 Shopping

리바 거리 Riva

Sightseeing 15

해안가에 야자수가 늘어선 보행자 천국

디오클레티아누스 궁전 남쪽 벽을 따라 동서로 300m가량 곧게 뻗은 리바 거리는 버스 터미널 또는 항구에서 걸어온 여행자가 가장 먼저 만나는 길이다. 길 초입의 빨간색 '스플리트(SPLIT)' 조형물이 이정표가 된다. 축제나 이벤트의 중심이 되는 스플리트의 명소로, 성수기에는 다양한 기념품을 파는 가판대가 늘어서 쇼핑하기에도 좋다. 음식점의 노천 테이블, 바다를 향한 벤치와 그늘을 만들어주는 야자수 덕분에 현지인도 즐겨 찾는다. 리바 거리를 지나 서쪽으로 해안선을 따라 산책로가 이어진다. 리바 거리와 구시가에는 자동차가 진입할 수 없으며, 길 양쪽 끝에 주차장과 택시 정류장이 있다.

Tips. 특별한 쇼핑을 원한다면 바로 여기!
스플리트 시내 곳곳에서 마그넷이나 건축물 미니어처 같은 기념품을 파는 가게를 볼 수 있다. 하지만 리바 거리의 기념품 가판대는 좀 다르다. 스플리트 현지 예술가들이 직접 만든 작품이 많아 여행의 추억을 더욱 특별하게 간직하기에 제격이다. 보통 점심시간 전후에 장사를 시작하고 한여름엔 늦은 밤까지 영업한다.

🚶 버스 터미널에서 도보 5분 📖 p.149-D3

마르얀 삼림 공원 Park šuma Marjan
가벼운 하이킹으로 즐기는 스플리트 최고 전망!

Sightseeing 16

구시가 서쪽, 높이 178m의 마르얀 언덕을 중심으로 조성된 마르얀 삼림 공원은 돌산이 대부분인 크로아티아에서 드물게 울창한 숲을 이루는 도심 속 오아시스다. 여행자에게 이곳이 매력적인 이유는 가슴이 탁 트이는 풍경이 펼쳐지는 전망대가 있기 때문이다. 경사가 급하지 않은 길을 10~15분 정도 올라가면 전망 공간이 나온다. 대성당 종탑과는 다른 각도에서 시가지 전체를 내려다볼 수 있다. 전망 공간 위쪽으로 더 올라갈 수도 있지만 나무가 울창해서 시야는 오히려 좋지 않다.

📍 Šetalište Luke Botića 3(전망대) 🚶 리바 거리 서쪽 끝에서 도보 15분 Ⓖ viewpoint to Marjan
🗺 p.148-A3

Tips. 리바 거리에서 마르얀 언덕으로 가는 방법
리바 거리 서쪽 끝에 있는 분수 너머 노상 주차장 뒤로 성 프란체스코 성당이 있다. 성당 입구를 바라보고 서서 오른쪽으로 난 길이 전망대로 올라가는 입구다. 주차장 안내판 옆에 그림으로 표시한 안내판이 있어 찾기 쉽다. 구글 지도에서 전망대로 올라가는 길을 검색하면 '마르얀 언덕 계단(Marjan Hill Stairs)'으로 안내하는데, 가파르고 빙 돌아가는 길이므로 성당 옆길로 올라가는 것을 추천한다.

Sightseeing 17
피야차 Pjaca
현지인이 사랑하는 궁전 밖 중심지

원래 명칭은 '시민의 광장'을 뜻하는 나로드니 광장이지만 현지인들은 주로 피야차라는 지명으로 부른다. 디오클레티아누스 궁전 서쪽 벽 바로 옆에 위치한 이 광장은 13세기에 시가지가 넓어지면서 궁전 바깥에 터를 잡은 주민들이 처음 주거 생활을 시작한 구역으로 알려져 있다. 고딕 양식의 옛 시(市) 청사(현재는 전시장으로 사용)와 화려한 귀족 저택 등 다양한 건물이 조화를 이룬다. 탁 트인 공간에 음식점, 숙소, 기념품점이 많아 현지인과 여행자의 발길이 끊이지 않는다.

♥ Trg Narodni ⚲ 열주 광장에서 도보 2분 ❖ p.149-E3

Sightseeing 18
보치니 광장 Fruit Square(Trg. Voćni)
스플리트의 지성이 숨 쉬는 광장

과거 과일 시장이 있었던 데서 이름이 유래했다. 광장 한쪽의 '베네치아 타워(Venetian tower)'로 불리는 팔각형 탑은 15세기에 지은 옛 성곽의 감시용 탑 중 하나다. 광장 중앙에는 크로아티아 문학의 아버지라 불리는 스플리트 출신 시인이자 철학자 마르코 마룰리치(Marko Marulić)의 동상이 서 있다. 이 동상 역시 이반 메슈트로비치의 작품이다.

♥ Trg Voćni ⚲ 피야차에서 도보 1분 ❖ p..149-E3

 Food&Drink 01

포르토피노 Portofino

스플리트에서 만나는 완벽한 한 끼

애피타이저부터 디저트까지 완벽한 한 끼를 맛볼 수 있다. 열주 광장에서 은의 문으로 향하는 도중 왼쪽의 좁은 골목으로 들어가면 노천 테이블이 나온다. 점심과 저녁 메뉴 종류가 각각 다르며 전체적으로 가격대가 높은 편이다. 메인으로는 육류보다 해산물 메뉴를 추천한다. 디저트 메뉴가 전문점 못지않게 다양하고 맛도 훌륭하다. 홈페이지에서 예약할 수 있다.

📍 Poljana Grgura Ninskog 7 🚶 궁전 내부, 열주 광장에서 도보 1분 🕐 12:00~24:00, 비수기 단축 영업 🍽 저녁 메인 €28~44, 디저트 €5~28 ✈ portofino.hr(예약 가능) 📷 portofinosplit
📌 p.149-F3

 Food&Drink 02

피그 스플리트 Fig Split

이국에서 만난 매운맛!

낮 12시 45분까지 주문할 수 있는 아침 메뉴 중 하나인 '스파이시 에그(Spicy Eggs)'가 우리나라 여행자에게 인기 있다. 달걀, 양파, 당근을 살사 소스로 볶아 빵과 함께 제공하는데, 엄청 맵지는 않지만 기름진 유럽 음식 속 단비처럼 담백한 매콤함이다. 메뉴판에 비건, 글루텐 프리 옵션이 표기되어 있고 선택의 폭이 넓다. 궁전 내 원기둥, 우물 같은 궁전의 옛 구조물을 활용한 인테리어가 근사하다. 흐바르 타운에도 지점이 하나 더 있다.

📍 Dioklecijanova 1 🚶 궁전 내부, 열주 광장에서 도보 1분 🕐 09:00~23:00, 비수기 단축 영업 🍽 스파이시 에그 €13.5, 메인 €16~21 ✈ figrestaurants.com/split 📷 figrestaurants
📌 p.149-E3

Food&Drink 03
보케리아 키친 앤 와인
Bokeria Kitchen&Wine
스플리트에서 가장 힙한 레스토랑

크로아티아와 달마티아의 전통 요리를 현대적으로 재해석한 메뉴를 기본으로 하고 제철 재료가 들어오면 새로운 구성이 추가된다. 육류보다 해산물을 추천하며, 특히 농어구이가 인기 있다. 와인 리스트 구성도 상당히 훌륭한 편. 아침 식사와 점심, 저녁 식사 메뉴가 다르다. 성수기 저녁 식사 시간대에 방문할 예정이라면 구글 지도 링크로 예약하길 추천한다.

Domaldova ul. 8 열주 광장에서 도보 4분 08:00~23:30 농어구이 €26, 메인 €20~34 bokeriacroatia p.149-E2

Food&Drink 04
칸툰 파울리나 Kantun Paulina
발칸반도 전통 요리를 맛보고 싶다면!

크로아티아와 이웃한 보스니아 헤르체고비나와 세르비아의 전통 요리인 체바피(Ćevapi) 전문점이다. 고기를 소시지처럼 구운 체바피는 6개, 10개 단위로 주문할 수 있다. 플랫 브레드에 붉은 피망과 후추로 만든 매콤한 아이바르(Ajvar) 소스와 다진 양파, 체바피를 넣어 샌드위치처럼 먹는 '체바피 인 레핀야'도 인기 메뉴. 매장이 좁아 포장 손님이 주를 이룬다. 현금 결제만 가능.

Matošića ul. 1 열주 광장에서 도보 6분 08:00~23:00 체바피 6개 €6.5, 체바피 인 레핀야 €5~8.5 p.149-D2

 Food&Drink 05

즐라트나 리비차 Zlatna Ribica

해산물 튀김의 고수

바로 옆 생선 시장에서 그날그날 가장 물이 좋은 재료를 받아온다. 모둠 생선튀김에 들어가는 생선은 재료 수급 상황에 따라 달라진다. 주로 손가락 한두 개 정도 크기의 작은 생선을 통째로 깔끔하게 튀겨내는데 살이 많고 가시 바르기도 어렵지 않다. 쫄깃하기보다는 부드러운 식감의 오징어튀김에 빵을 추가하면 한 끼 식사로 손색이 없다. 케첩과 마요네즈는 추가로 구매해야 한다. 현금 결제만 가능.

📍 Ul. Kraj Svete Marije 8 🚶 열주 광장에서 도보 4분
🕐 06:00~21:00, 비수기 단축 영업 ● 일요일 🍴 오징어튀김 €15, 생선튀김 €10, 튀김 반반 €25 📖 p.149-D2

 Food&Drink 06

티넬 스페셜티 커피숍-스플리트
Tinel Specialty Coffee Shop–Split

마르몬토바 거리에서 가까운 아담한 카페

크로아티아에서는 드물게 진한 아이스 아메리카노를 판매하며 전통 디저트인 브레스크비체(Breskvice)도 맛볼 수 있다.

📍 Križeva ul. 4 🚶 열주 광장에서 도보 7분 🕐 5~9월 07:00~20:00, 10~4월 08:00~16:00, 비수기 임시 휴무
🍴 아메리카노 €1.99, 아이스 라테 €3.19(귀리 우유, 아몬드 우유 선택 가능) 📖 p148-C2

 Food&Drink 07

엘라스 젤라테리아 아르티지날레
Ela's Gelateria Artigianale

재료가 아낌없이 들어간 젤라토

간판도 없는 길모퉁이 작은 가게라 지나치기 쉽지만 손님이 끊이지 않는다. 산딸기, 레몬 등 과일 젤라토의 상큼한 맛이 녹진하다.

📍 Domaldova ul. 1a 🚶 열주 광장에서 도보 4분
🕐 10:30~22:00, 비수기 휴업 🍴 젤라토(한 스쿱) €2.5
📖 p.149-D2

 Food&Drink 08

피제리아 세테 소렐레 Pizzeria Sette Sorelle
본토 맛을 그대로 살린 화덕피자

도우가 얇아 1인 1판이 가능한 화덕피자 전문점. 총 7가지 피자 중 토마토와 모차렐라 치즈, 바질이 들어간 '마이아(maia) 피자'가 가장 인기다. 지역색을 살린 칵테일도 여기서만 맛볼 수 있다. 남은 음식은 포장할 수 있다.

📍Trg Franje Tuđmana 3 🚶열주 광장에서 도보 7분
🕐 11:00~23:00, 비수기 단축 영업 🍕피자 €11.5~16
🔗 sette-sorelle.com(예약 가능) 📖p.148-C3

 Food&Drink 09

빌라 스피자 Villa Spiza
꾸미지 않은 진짜 스플리트 '집밥'

스플리트와 달마티아 지역의 소박한 가정식을 맛볼 수 있다. 기교를 부리지 않은 투박한 음식이라 현지인도 많이 찾는다. 저녁보다 점심때 더 붐비고, 현금 결제만 가능하다.

📍Ul. Petra Kružića 3 🚶열주 광장에서 도보 3분 🚫월요일
🕐12:00~15:15, 화~토요일 13:00~22:00 ❌일요일 🍽️메인
€12~25 📖p.149-E2

Food&Drink 10

루카 아이스크림 앤 케이크
Luka Ice Cream&Cakes
겨울에도 젤라토는 못 참지~

비수기에 영업하는 몇 안 되는 젤라토 전문점. 성수기에는 보통 10가지가 넘는 맛이 있지만 비수기에는 선택지가 줄어든다. 스플리트 전통 케이크인 '스플리트스카 토르타(Splitska torta)'도 한 번쯤 먹어볼 만하다.

📍Ul. Petra Svačića 2 🚶열주 광장에서 도보 8분
🕐 08:30~21:00 🍦젤라토(한 스쿱) €2.6 📷luka_ice_cream
📖p.149-D1

 Food&Drink 11

섹시 카우 Sexy Cow
매콤한 샌드위치를 맛볼 수 있는 곳

깔끔하게 먹기 힘들 만큼 육즙 가득한 샌드위치. 우리나라 여행자의 입맛에 잘 맞는 '스파이시 카우'는 매콤한 제육볶음을 토마토, 양파, 양상추와 함께 싸 먹는 느낌이다. 채식 메뉴와 굵게 썬 감자튀김도 인기가 많다.

⊙ Ul. Zrinsko Frankopanska 6 ⚑ 열주 광장에서 도보 10분
⊙ 11:00~23:00 ⚑ 섹시 카우 €14, 스파이시 카우 €14
⚑ sexy-cow.com ⚑ sexycowsplit ⚑ p.149-D1

 Food&Drink 12

필 그린 헬시 푸드 Feel Green healthy food
스플리트에서 브런치는 여기

마르얀 삼림 공원 전망대로 올라가는 길목에 있다. 브런치 손님이 많아 오전에 가장 붐빈다. 리바 거리의 카페보다 저렴하고 양이 푸짐해 든든하게 하루를 시작할 수 있다. 모든 메뉴가 고루 맛있고 채식 메뉴도 다양하다.

⊙ Ul. ban Mladenova 3 ⚑ 열주 광장에서 도보 8분
⊙ 08:00~23:00 ⚑ 아침 식사 €8~10, 볼 메뉴 €13~15
⚑ feelgreen.hr ⚑ feel_green_split ⚑ p.148-C3

 Food&Drink 13

디16 커피 D16 Coffee split
궁전 안에서 가장 맛있는 커피

실내가 쾌적하고 와이파이 속도가 빠르며, 아이스커피에 얼음도 넉넉히 넣어준다. 가격은 다소 비싸지만 스플리트의 물가를 고려하면 고개가 끄덕여진다. 자다르와 트로기르에도 지점이 있다.

스플리트점(Split) ⊙ Dominisova ul. 16 ⚑ 궁전 내부. 열주 광장에서 도보 1분 ⊙ 07:00~19:00(비수기 ~16:00)
⚑ 아이스커피 €4.2, 카푸치노 €3 ⚑ d16coffee ⚑ p.149-E3

 Shopping 01

생선 시장
City fish market(Gradska ribarnica-Peškarija)
활기찬 로컬 시장이 궁금하다면

실내외 시장으로 나뉘며 현지인의 에너지 덕분에 활기찬 분위기지만 여행자에겐 지루할 수도 있다. 요리를 즐기고 취사 가능한 숙소에 묵는 여행자라면 흥미롭게 느낄 것이다. 오전 10시 이전 방문 추천.

📍 Hrvatska, Obrov ul. 5 🚶 열주 광장에서 도보 4분
🕐 06:00~13:00(토요일 07:00~) ❌ 부정기 📖 p.149-D2

노천 시장 City market(Gradska tržnica-Pazar)   Shopping 02
스플리트의 아침을 여는 시장

과일, 채소, 유제품 같은 먹거리부터 의류, 라벤더 제품, 물놀이 용품까지 다양한 상품을 파는 노천 시장. 크로아티아를 대표하는 자그레브의 돌라츠 시장 못지않은 규모를 자랑한다. 오전 6시부터 영업을 시작하지만 8시는 넘어야 시장 분위기가 제대로 난다. 시장 중앙의 식료품 매대 주변으로 기념품점이 늘어서 있다. 특히 다양한 라벤더 제품을 크로아티아에서 가장 저렴하게 구매할 수 있는데, 같은 제품도 가게마다 가격과 서비스가 다르므로 잘 둘러보며 비교해야 한다.

📍 Ul. Stari pazar 8 🚶 열주 광장에서 도보 3분 🕐 06:00~상점마다 다름 ❌ 공휴일 📖 p.149-F3

🛍 Shopping 03
마르몬토바 거리 Marmontova ulica

익숙한 브랜드가 모인 거리

리바 거리 서쪽 끝에서부터 300m 정도 쭉 뻗은 보행자 전용 도로. 자라, 타미 힐피거처럼 익숙한 브랜드 외에도 크로아티아 로컬 브랜드 매장과 기념품 가판대, 생선 시장, 슈퍼마켓 등이 양옆으로 늘어서 있다. 텔레마흐, A1 등 통신사 매장도 있어 충전 케이블 같은 휴대폰 관련 물품도 구할 수 있다. 거리 북쪽으로 올라가면 신시가지가 이어지고 남쪽으로는 삼면이 네오르네상스 양식 건물로 둘러싸인 공화국 광장(Trg. Republike)과 만난다.

🚶 리바 거리 서쪽 끝에서 도보 1분, 열주 광장에서 도보 4분
🗺 p.149-D3

🛍 Shopping 04
우예 UJE

궁극의 올리브유를 향한 여정

스플리트에서 시작해 달마티아 지역을 중심으로 직영점을 운영하는 올리브유 전문 브랜드. 크로아티아 전국의 기념품점에서도 쉽게 만날 수 있다. 올리브유 외에도 와인, 잼, 꿀 등 다양한 제품을 판매한다. 다른 곳에선 찾기 힘든 로즈마리, 레몬, 마늘로 향을 더한 올리브유와 올리브 열매 모양 도자기에 담긴 엑스트라 버진 올리브유를 추천한다. 가격대가 다소 높고, 신선도 관리를 위해 유통기한이 짧은 제품이 많으니 구매 전에 확인하자.

📍 Marulićeva ul. 1 🚶 열주 광장에서 도보 2분
🕘 09:00~22:00(토·일요일 ~14:00), 비수기 단축 영업 ✈ uje.hr
📷 uje_oleoteka 🗺 p.149-E3

아우라 스플리트 Aura Split

Shopping 05

크로아티아를 대표하는 브랜디 메이커

이스트라반도의 산골 마을 부제트(Buzet)에서 가족이 운영하던 작은 브랜디 양조장이 크로아티아 대표 브랜드가 되었다. 브랜디는 자두, 포도, 살구 외에도 약쑥, 민트 등 자연 재료를 이용해 전통 방식으로 만든다. 저용량 제품부터 선물 세트까지 구색이 다양하며, 술 외에 잼이나 오일도 인기가 좋지만 초콜릿은 가격 대비 양이 적은 편이라 추천하지 않는다. 기념품점에서도 아우라의 제품을 쉽게 찾아볼 수 있지만 직영점이 상품 구색도 다양하고 저렴한 편. 요청 시 시식해볼 수 있다.

📍Trg Republike 2 🚶열주 광장에서 도보 5분 🕘09:00~21:00 ❌일요일·공휴일 ✈️aura.hr
📷destilerijaaura 📖p.149-D3

Shopping 06

나달리나 초콜릿 Nadalina chocolate

카카오 빈부터 직접 관리해 더 달콤한 한입!

공항 면세점과 디오클레티아누스 궁전 내 본점에서만 구할 수 있어 크로아티아 사람도 스플리트 여행 기념품으로 사간다. 올리브유 맛 또는 라벤더 맛 초콜릿 바 추천!

📍Dioklecijanova 6 🚶궁전 내부, 열주 광장에서 도보 1분
🕘월~금요일 09:00~19:00, 토요일 09:00~14:00 ❌일요일
💰초콜릿 바 €3~ ✈️nadalina.hr 📖p.149-F3

Intro

우리가 두브로브니크에 가야 하는 이유

1991년 12월 6일, 크로아티아의 독립을 반대하는 유고 인민군은 유네스코 세계 문화유산인 구시가를 비롯한 두브로브니크 전역을 무차별 포격했다. 이후 8개월간 이어진 야만의 시간 동안 전 세계의 시선이 크로아티아의 남쪽 끝 두브로브니크로 쏠렸다. '두브로브니크 포위전'은 독립 전쟁을 치르는 크로아티아가 국제적인 지지를 얻어낸 결정적 사건이다. 옛 총독 궁전의 안뜰, 스르지산의 케이블카 정류장에 가면 전쟁 당시 모습이 담긴 사진을 볼 수 있다. 두브로브니크의 자부심은 웅장한 옛 건물과 어우러진 깊고 푸른 바다에서 오는 것이 아니라, 두브로브니크가 보내온 인고의 세월 속에서 온다.

그래도 여기서 두브로브니크의 아름다움을 칭송하지 않을 수 없다. 아일랜드의 극작가 조지 버나드 쇼는 "지상의 천국을 보고 싶으면 두브로브니크로 가라"라고 말했고, 영국의 시인 바이런은 두브로브니크를 "아드리아해의 진주"라고 칭송했다. 과장이 아닐까 하는 생각도 잠시. 성벽으로 둘러싸인 옹골찬 구시가지와 파란 바다를 마주하는 순간 여행자의 의심은 더 아름다운 말로 수식하지 못하는 안타까움으로 변한다.

Tips. 두브로브니크 여행 안내소 Tourist Information Center Dubrovnik
두 곳의 여행 안내소 중 필레 문 앞에 있는 여행 안내소가 더 넓고 이용하기 편하다.
이곳에서 매일 바뀌는 공항버스 시간표를 확인할 수 있다.
✈ tzdubrovnik.hr
◉ experiencedubrovnik

필레 문 여행 안내소 Tourist Information Center Pile
📍 Brsalje 5
🚶 필레 문 앞
🕐 08:00~21:00, 비수기 단축 운영
📖 p.194-C2

그루즈 항구 여행 안내소 Tourist Information Center Gruž
📍 Pape Ivana Pavla II 1
🚶 버스 터미널에서 도보 8분, 항구에서 도보 1분
🕐 08:00~20:00(주말·공휴일 ~14:00), 비수기 단축 운영
📖 p.194-A3

Map 01

두브로브니크 교통 지도

Access 01

두브로브니크로 이동하기: 항공

두브로브니크는 크로아티아의 최남단에 위치한다. 비행기, 장거리 버스, 배를 타고 오갈 수 있으며 열차는 운행하지 않는다. 두브로브니크와 자그레브를 오가는 국내선은 크로아티아 항공에서 운항한다. 우리나라의 김포와 제주를 오가는 노선처럼 시기를 가리지 않고 승객이 많은 노선이기 때문에 미리 예약해야 한다.

두브로브니크 국제공항 Dubrovnik Airport/Zračna luka Dubrovnik(DBV)

자그레브 국제공항과 함께 크로아티아 여행의 관문 역할을 하는 공항. 두브로브니크 구시가에서 남쪽으로 20㎞ 정도 떨어져 있다. 이용객 수에 비해 공항 규모가 작아서 성수기에는 상당히 붐비므로 공항을 이용할 경우 일찍 가 있는 걸 추천한다. 면세점, 음식점 등 편의 시설은 매우 부족한 편이다. 공항에서 시내로 가는 교통수단은 운항 일정에 맞춰 공항 1층 출입구 바로 앞에서 대기하고 있다. 렌터카 사무소는 공항 내부가 아닌 주차장 너머에 있다.

📍 Dobrota 24, 20213, Močići ✈ dbv.hr 📖 p.195-F4

두브로브니크→자그레브

✈ 하루 3~4회 ⏱ 55분~1시간 5분 💶 €50.24~ ✈ croatiaairlines.com

> **Tips. 두브로브니크 국제공항의 국제선**
> 두브로브니크와 유럽 각국을 잇는 국제선 운항 편수는 계절에 따라 확연히 차이가 난다. 비수기인 10~4월엔 여름철에 비해 운항 편수가 10분의 1 수준으로 줄어든다.

두브로브니크 국제공항↔시내: 공항 셔틀버스

공항 셔틀버스는 항공기 발착 시간에 맞춰 운행하기 때문에 매일 시간표가 바뀐다. 홈페이지에서 시간표를 확인할 수 있으며 예약도 가능하다. 주요 루트는 '버스 터미널–그라베(Grawe) 정류장–케이블카 탑승장 앞 정류장–공항'이다.

⏱ 30~40분 💶 편도 €10, 왕복 €15(15일 유효) 🔗 platanus.hr/shuttle-bus

공항→두브로브니크 버스 터미널, 구시가

입국 수속을 마치고 1층으로 나가면 바로 앞에 버스 회사 매표소가 있다. 시간이 촉박하다면 정류장으로 가서 기사에게 요금을 내고 타도 된다. 탑승할 때 영수증의 QR코드를 운전석 옆 기계에 태그한다.

두브로브니크 버스 터미널, 구시가→공항

시내에서 공항으로 갈 때는 버스 터미널에서 셔틀버스를 타자. 특히 성수기엔 버스 터미널에서 이미 만석이 되어버리기 때문에 중간 정류장에서는 승객을 태우지 않고 지나간다. 공항행 셔틀버스 표는 버스 터미널 매표소, 케이블카 정류장 맞은편 매표소, 홈페이지를 통해 예약할 수 있고 기사에게 요금을 내도 된다.

Tips. 시내에서 공항행 셔틀버스 탑승 시 주의할 점
- 셔틀버스 시간표는 항공편 출발 시간에 맞춰 매일 바뀐다. 아무리 이른 시간이나 늦은 시간에 출발하는 비행기라도 그에 맞춰 셔틀버스가 배차된다.
- 시간표는 버스 터미널 출발을 기준으로 하며, 보통 3~7일 전에 버스 터미널, 여행 안내소, 버스 회사 홈페이지에서 확인할 수 있다.
- 구시가에서 가장 가까운 정류장은 케이블카 탑승장 바로 앞에 있다. 필레 문 앞 정류장에는 정차하지 않으니 주의하자.

두브로브니크 국제공항↔시내: 택시

수속을 마치고 공항 1층 밖으로 나가면 바로 앞에 택시 정류장이 있다. 우버나 볼트 이용도 가능하다.

⏱ 20~30분 💶 공항→구시가 약 €40(미터기 요금), 구시가→공항 €45(고정 요금)/우버·볼트 €30~50

Access 02

두브로브니크로 이동하기: 장거리 버스

자그레브, 자다르, 스플리트 등 크로아티아 대부분의 도시와 두브로브니크를 잇는 노선이 있다. 이동 거리 자체가 길고 교통 체증 등으로 이동 시간도 생각보다 오래 걸리기 때문에 장거리 버스로 두브로브니크로 갈 땐 일정을 여유 있게 짜는 걸 추천한다.

장거리 버스
- 스플리트와 두브로브니크를 오가는 버스는 인기 노선이라 미리 예약하는 게 좋다.
- 자그레브 등에선 야간 버스도 운행한다.
- 교통 체증, 국제선의 경우 국경 통과 등의 변수 때문에 버스로 두브로브니크를 오갈 때는 2~3시간 연착이 발생할 수 있다. 따라서 이동하는 날은 간단한 일정만 짠다.
- 북쪽의 도시에서 두브로브니크로 갈 땐 진행 방향 오른쪽에 앉아야 바다를 감상할 수 있다.
- 국제선은 몬테네그로의 코토르(Kotor), 보스니아 헤르체고비나의 모스타르 또는 사라예보를 오가는 노선이 있다. 비수기인 겨울철엔 국내선, 국제선 모두 운행 횟수가 줄어든다.

☞ 도시 간 이동하기: 장거리 버스 p.274

🔗 트래블링닷컴 traveling.com
🔗 플릭스버스 global.flixbus.com

자그레브→두브로브니크
🚌 하루 10회 내외
⏱ 8시간 30분~10시간
💶 €25~40

스플리트→두브로브니크
🚌 하루 10~25회
⏱ 3시간 30분~5시간
💶 €20~35

Tips. 두브로브니크 버스 터미널 이용하기

두브로브니크 버스 터미널(Autobusni kolodvor Dubrovnik)은 구시가에서 북서쪽으로 3.2km 정도 떨어진 곳에 있다. 규모는 작은 편이라 매표소와 안내소, 화장실(€1), 유인 짐 보관소(짐 1개 시간당 €0.66), 작은 매점과 의자 몇 개가 있을 뿐이다. 터미널 옆에 슈퍼마켓 콘줌이 있다.

📍 Obale pape Ivana Pavla II 44A 🔗 autobusni-kolodvor-dubrovnik.com
Ⓖ bus station dubrovnik 🗺 p.194-A3

버스 터미널에서 구시가까지: 시내버스, 택시

두브로브니크 버스 터미널 건물을 등지고 길을 건너면 왼쪽에 가판대인 티삭이 보인다. 버스 기사에게 요금을 내면 더 비싸므로 버스표는 티삭에서 구매하자. 티삭을 지나 오른쪽으로 조금만 걸어가면 시내버스 정류장이 나온다. 1A·1B번 버스를 타면 구시가 입구인 필레 문까지 갈 수 있다. 정류장에 서 있는 택시를 타면 필레 문까지 약 10분이 걸린다. 고정 요금 €20. 우버나 볼트로 택시를 부르면 교통 상황에 따라 €12~20 정도 나온다.

🚶 kantafig autobusni kolocvor 정류장에서 1A·1B번 버스를 타고 pile 정류장에서 하차
⏱ 15~20분 🎫 가판대·매표소 구매 교통권 €1.73(1시간 유효), 차내 구매 교통권 €2.5(1회 탑승 유효)

Tips. 렌터카는 두브로브니크 구시가지에서 반납하자!
성벽으로 둘러싸인 구시가에는 자동차가 들어갈 수 없다. 성벽 바깥쪽 필레 문과 플로체 문, 부자 문 쪽에 주차장이 있지만 거주자 우선 주차 구역이 많아 빈자리 찾기가 힘들고 주차 요금도 비싸다. 숙소에 주차장이 있어도 숙소에서 구시가까지 렌터카를 타고 갔을 때 주차하기 힘들다는 뜻이기도 하다. 두브로브니크에 도착하면 바로 렌터카를 반납하고 대중교통을 이용하는 것이 효율적이다.

Access 03

두브로브니크로 이동하기: 선박

4월부터 10월까지 '스플리트-흐바르섬(흐바르 타운)-두브로브니크'를 잇는 쾌속선이 다닌다. 크릴로와 티피 라인, 두 회사에서 각각 매일 1회 왕복한다.

선박

- '스플리트-흐바르섬(흐바르 타운)-두브로브니크' 노선은 인기가 많은 노선이니 일정을 정했다면 미리 예약하자. 운항 일정과 요금은 선박 회사의 홈페이지에 자세하게 나와 있고 예약도 가능하다. 각 회사마다 노선이 조금씩 달라 중간에 브라치섬, 믈리예트섬 등을 들르기도 한다.
- '스플리트-흐바르섬-두브로브니크' 순서로 일정을 짰다면 육로로 이동하는 것보다 흐바르 타운에서 배를 타고 두브로브니크로 가는 게 시간과 비용 면에서 훨씬 효율적이다.
- 두브로브니크와 이탈리아 남부의 바리(Bari)를 오가는 국제선 노선도 있다. 야드롤리니야에서 연중 운항하며 주 3회 왕복한다. ☞ 도시 간 이동하기: 선박, 열차 p.276

➤ 야드롤리니야 jadrolinija.hr/en ➤ 크릴로 krilo.hr/en ➤ 티피 라인 tp-line.hr/en

스플리트-두브로브니크
⏱ 4시간 30분~5시간 30분 💰 €48

흐바르섬(흐바르 타운)-두브로브니크
⏱ 3시간 30분~4시간 💰 €48

Tips. 그루즈 항구 이용하기

두브로브니크의 그루즈 항구(Luka Gruž)는 구시가에서 약 3km 떨어져 있다. 항구에는 선박 회사 사무소, 여행 안내소, ATM, 공용주차장 등이 있으며 호텔, 음식점, 노천 시장 등이 항구 주변에 위치한다. 버스 터미널에서 항구까지 걸어서 7분 정도 걸리며 길목에 슈퍼마켓 콘줌이 있다. 항구 바로 앞 도로에 버스 정류장이 있다. 1A·1B번 버스를 타면 구시가의 필레 문까지 갈 수 있다. 택시는 구시가까지 고정 요금 €20.

Access 04

두브로브니크 시내 교통

유네스코 세계 문화유산으로 지정된 두브로브니크 구시가엔 자동차가 들어갈 수 없다. 하지만 구시가는 면적이 넓지 않아 전부 걸어서 둘러볼 수 있다. 다만 숙소를 어느 지역에 잡느냐에 따라 시내버스나 택시를 이용해야 한다.

시내버스

시내버스 운행은 리베르타스(Libertas) 사에서 담당한다. 버스 회사 홈페이지에 버스 노선도와 시간표가 상세하게 나와 있다. 버스표는 가판대인 티삭이나 매표소에서 미리 구매하는 것을 추천한다.

◈ 가판대 및 매표소 구매 €1.73(1시간 유효), 차내 구매 €2.5(1회 탑승 유효)
↗ libertasdubrovnik.com

Tips. 주요 시내버스와 노선
1A·1B번 버스: 버스 터미널-항구-구시가
4번 버스: 구시가-라파드 지구
6번 버스: 구시가-바빈 쿠크 지구
17번: 구시가-스르지산

Tips. 두브로브니크 패스로 시내버스 타는 법
시내버스 승차권을 이용하는 방법은 명소 입장 방법과 다르다. 버스에 탈 때 패스의 QR코드를 단말기에 태그하면 종이로 된 별도의 버스표가 나온다. 버스를 탈 때마다 종이 버스표의 QR코드를 단말기에 태그한다. 최초 탑승한 순간부터 24시간, 72시간, 168시간 동안 시내버스를 제한 없이 탈 수 있다. 잃어버려도 재발행이 되지 않으니 잘 보관하자. ☞ 두브로브니크 여행의 동반자, 두브로브니크 패스 p.198

두브로브니크 시내버스 승차 시 주의사항

· 탑승할 때 운전석 옆 단말기에 버스표를 태그한다. 차내에서 기사에게 구매할 수 있지만 요금이 비싸다.
· 시내버스는 시간표대로 운행하지만 성수기 때는 필레 문 앞에 극심한 교통 정체가 생겨 운행이 지연되기도 한다. 이용자가 많은 정류장에는 버스 도착 예정 시간을 안내하는 전광판이 있다.
· 내릴 때는 하차 벨을 누른다. 안내 방송이 따로 나오지 않지만 구시가나 버스 터미널에서 대부분의 승객이 내리고 타기 때문에 크게 헷갈릴 일은 없다.
· 다만 버스 터미널과 항구가 있는 그루즈 지구(Gruž), 규모가 큰 숙소와 해변이 모여 있는 라파드 지구(Lapad)와 바빈 쿠크 지구(Babin kuk)에 있는 숙소로 갈 때는 이동 경로를 계속 확인해야 한다. 구글 지도로 내릴 정류장의 위치를 미리 체크한 후 버스 내에서 수시로 확인하자.
· 여행자가 많이 이용하는 1A·1B·4·6번 버스는 10분에 1대 정도로 자주 다니는 편이다. 두브로브니크 시내버스 정보는 구글 지도에서 확인할 수 없다. '무빗(Moovit)' 애플리케이션 사용을 추천한다.

택시

버스 터미널, 구시가의 필레 문과 플로체 문 앞, 라파드 지구의 우체국 앞 등에 택시 정류장이 있다. 고정 요금을 받는 구간 외에는 미터기로 요금을 계산한다. 택시 정류장마다 고정 요금 구간의 요금표가 있으니 타기 전에 참고하자. 1~4명까지 요금이 동일하기 때문에 일행이 많을수록 1인당 요금이 저렴해진다. 우버나 볼트를 이용하면 택시와 같은 구간을 이동할 때 고정 요금보다 저렴하다.

💰 기본요금 €3.69, 주행 요금 1km당 €1.23 가산/ 고정 요금 구시가-버스 터미널 €20, 구시가-공항 €45, 구시가-스르지산 €29

Accommodation

두브로브니크 숙소

크로아티아 여행에서 두브로브니크는 숙소를 구할 때 가장 고민하게 되는 도시다. 두브로브니크 시내는 크게 구시가, 라파드 지구, 바빈 쿠크 지구, 그루즈 지구로 나눌 수 있는데, 지역마다 각각의 장단점이 있다.

Check 숙소 고르기 전 주의사항
- 두브로브니크는 크로아티아에서 숙박비가 가장 비싼 도시로 성수기엔 비수기보다 숙박비가 2~3배 높다. 일정이 정해지는 대로 빨리 예약하는 게 그나마 저렴하다.
- 전망이 좋은 숙소는 고지대에 있을 확률이 높고 자동차 출입이 불가할 수 있다. 숙소에서 송영 서비스를 제공하는지 확인하자.
- 일부 대형 호텔을 제외하면 주차장 상황이 열악하다.

Pick! 두브로브니크 숙소 선택 기준
- 일정이 짧고 주요 관광지를 걸어 다니고 싶다면 → **구시가**
- 대형 호텔을 선호하고 물놀이를 즐기고 싶다면 → **라파드, 바빈 쿠크 지구**
- 숙박비를 아끼며 근교 여행도 하고 싶다면 → **그루즈 지구**

추천 숙소

숙소명	숙박비	주소/찾아가기
호텔 레로 ★★★★ Hotel Lero	12만~15만 원	♥ Ul. Iva Vojnovića 14 ♣ 필레 문에서 도보 25분(버스 터미널과 구시가 중간 지점)
호텔 라파드 ★★★★ Hotel Lapad	16만~18만 원	♥ Lapadska obala 37 ♣ 라파드 지구
부티크 호텔 포르토 ★★★★ Boutique Hotel Porto	20만~24만 원	♥ Hrvatskog Crvenog Kriza 2 ♣ 버스 터미널에서 도보 20분(버스 터미널과 구시가 중간 지점)
호텔 콤파스 두브로브니크 ★★★★ Hotel Kompas Dubrovnik	21만~29만 원	♥ Ul. kardinala Stepinca 21 ♣ 라파드 지구
힐튼 임페리얼 두브로브니크 ★★★★★ Hilton Imperial Dubrovnik	35만~37만 원	♥ Ul. Marijana Blažića 2 ♣ 구시가, 필레 문에서 도보 3분
호텔 엑셀시어 두브로브니크 ★★★★★ Hotel Excelsior Dubrovnik	42만~54만 원	♥ Ul. Frana Supila 12 ♣ 플로체 문에서 도보 8분

* 숙박비: 비수기 평일/1박/더블 룸/2인 기준.

Map 02
두브로브니크 숙소 지도

구시가 Old Town

숙소 특징	· 호텔보다 개인이 운영하는 소규모 숙소가 압도적으로 많다.
장점	· 주요 명소를 걸어서 둘러볼 수 있다. · 필레 문 앞은 시내버스 노선이 교차하는 교통의 요지. 버스 터미널, 항구, 해변으로 가기도 편리하다. · 늦은 밤까지 영업하는 음식점이 꽤 있다. 단, 비수기는 제외. · 햇볕이 강한 여름엔 일정 중간에 숙소에 들러 쉴 수 있다.
단점	· 숙박비가 비싸다. 개인이 운영하는 숙소가 호텔보다는 저렴한 편. 두브로브니크는 음식값도 비싸기 때문에 취사가 가능한 아파트먼트를 고르는 것도 한 방법이다. · 구시가에는 계단이 많다. 숙소 전망만 보고 덥석 예약하면 짐을 들고 등반 수준으로 계단을 올라가야 할 수도 있다.
추천 여행자	· 일정이 빠듯해 주요 명소만 빠르게 둘러볼 여행자.

라파드 지구 Lapad, 바빈 쿠크 지구 Babin Kuk

숙소 특징	· 바닷가를 따라 대형 호텔이 줄지어 있고 민박과 중형 호텔도 여럿 있다.
장점	· 구시가보다 숙박비가 저렴하다. · 해변이 가깝고 한적해 물놀이하기 좋다. · 숙소 대부분이 평지에 위치하고 바다에 면한 숙소는 주로 서향이라 해 질 때 운치 있다. · 구시가까지 가는 시내버스(4·6번)가 이른 아침부터 늦은 밤까지 자주 다닌다.
단점	· 구시가에 비해 음식점 수가 턱없이 적고 밤이 되면 딱히 즐길 거리가 없다.
추천 여행자	· 일정에 여유가 있어 느긋하게 쉬고 싶은 사람.

그루즈 지구 Gruž

숙소 특징	· 버스 터미널과 항구가 있는 그루즈 지구는 대형 호텔은 없으며 중형 호텔, 호스텔, 민박이 많다.
장점	· 구시가, 라파드와 바빈 쿠크 지구보다 숙박비가 저렴하다. · 구시가까지 직행하는 시내버스(1A·1B·3·8번)가 자주 다니고 공항 이동도 가장 편리하다.
단점	· 음식점, 기념품점 등 여행자를 위한 시설이 부족하고 일찍 문을 닫는다.
추천 여행자	· 숙박비를 아끼고 싶은 여행자. · 체류 일정이 길고 차브타트, 믈리에트섬 등 근교까지 다녀올 여행자.

Guide to Dubrovnik

두브로브니크 추천 여행

북쪽의 자그레브에서 여행을 시작했다면 여정의 마지막 도시가 바로 두브로브니크일 것이다. 높고 두꺼운 성벽으로 완벽하게 둘러싸인 구시가는 전 세계에서 유일무이하다. 구시가 규모는 작지만 명소 탐방, 휴양 등 다양한 방식으로 즐길 수 있다.

두브로브니크 여행법
성벽 같은 구시가의 명소와 스르지산의 전망대를 묶어서 꽉 찬 하루 일정을 짤 수 있다. 차브타트, 로크룸섬 등에 다녀오고 해수욕, 카약 등을 하려면 최소 3박은 머무는 것이 좋다. 여름엔 굉장히 덥고 해가 길기 때문에 중간에 숙소로 들어가 쉬는 시간을 갖는 걸 추천한다. 두브로브니크 여행의 걸림돌은 크로아티아에서 가장 비싼 물가. 패스와 대중교통을 효율적으로 활용하면 경비를 조금이나마 줄일 수 있다.

추천 코스
- **08:50** 구시가에서 가장 중요한 문인 **필레 문**을 통해 성벽 입구로 이동
- **09:00** **성벽** 위를 걸으며 맞이하는 아침(2시간 이상 소요)
- **11:00** **큰 오노프리오 분수**에서 플라차 대로를 따라 노천 시장이 있는 **군둘리체바 광장**으로!
- **12:00** 든든하게 점심 식사
- **14:00** 발길 닿는 대로 구시가를 둘러보다 **루자 광장**의 카페에서 휴식
- **17:00** **플로체 문**으로 나가 케이블카 정류장으로 걷기
- **17:30** **스르지산** 정상에 도착해 일몰을 기다리며 전망 감상

Plus. 체력에 자신이 있다면!
- **14:00** 필레 문 밖에 위치한 **로브리예나츠 요새** 오르기(1시간~1시간 30분 소요)

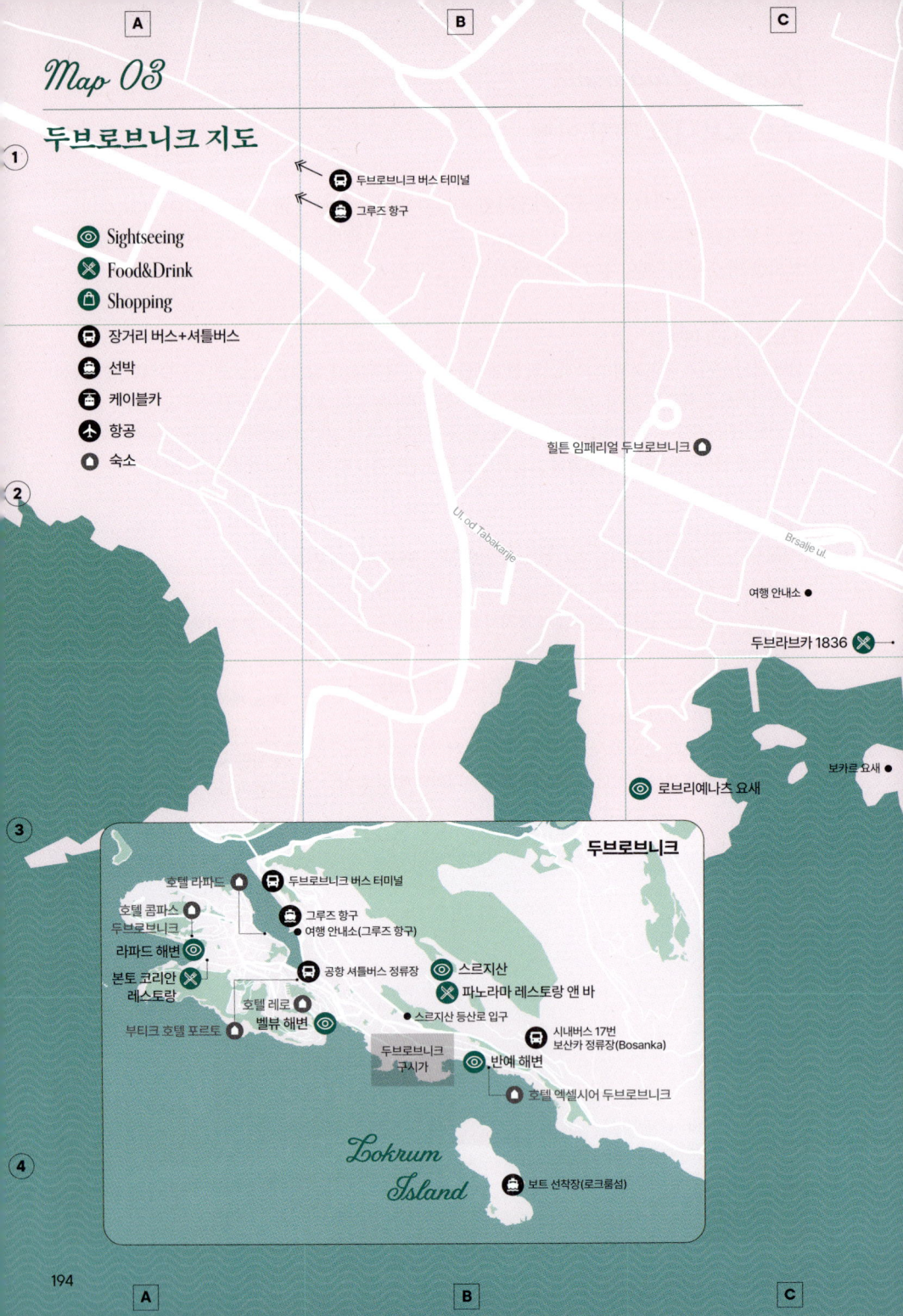

Theme 01

이 아름다운 도시에서
단 하루를 보낸다면

만약 두브로브니크에서 하루만 보낼 수 있다면, 다른 건 다 제쳐두고 오전엔 성벽을 걷고 오후엔 스르지산에 올라 노을과 야경을 본다. 오전에 스르지산에 올라 쨍한 햇살 아래 푸른 바다와 붉은 지붕의 조화를 감상하고 느지막이 한적한 성벽을 걸어도 좋다. 크로아티아에는 아드리아해 연안을 따라 놓인 도시가 무수히 많다. 그중에서도 두브로브니크가 유독 칭송받는 이유는 바다와 어우러진 구시가의 존재 때문이다. 성벽을 걷고 스르지산에 올라 오직 두브로브니크에서만 만날 수 있는 풍경을 마음껏 누리자.

Pick! 두브로브니크 하루 산책 스폿
- 성벽
- 로브리예나츠 요새
- 스르지산

성벽 City walls(Gradske zidine)   Sightseeing 01

두브로브니크 여행의 시작, 오전의 성벽

유럽에서 가장 잘 보존된 요새이자 두브로브니크 여행의 하이라이트. 전체 길이는 약 1940m, 가장 높은 지점의 높이는 25m, 가장 두꺼운 지점의 두께는 6m에 달한다. 5개의 요새와 16개의 탑, 망루로 구성되어 있으며 육지 쪽 성벽이 바다 쪽 성벽보다 두껍다. 입구는 필레 문, 플로체 문, 해양 박물관이 있는 성 이반 요새 쪽까지 총 세 곳이며, 어디로 들어가든 한 바퀴를 돌아 제자리로 돌아온다. 성벽은 9~10세기경 축성한 것으로 추정되며 수 세기에 걸쳐 증축, 보강되었다. 15~16세기에 지금과 같은 모습을 갖추었고, 두브로브니크 역사상 최악의 자연재해였던 1667년의 대지진에도 거의 피해를 입지 않았다.

필레 문에서 도보 1분 ⏱ 1~3월 09:00~15:00, 4~5월 09:00~18:30, 6~7월 08:00~19:30, 8월~9월 15일 08:00~19:00, 9월 16일~10월 09:00~18:00, 11~12월 09:00~15:00 ✕ 12월 25일
💰 3~11월 일반 €40, 18세 미만 €15/11~2월 일반 €15, 18세 미만 €5 🔗 citywallsdubrovnik.hr/the-city-walls 👁 p.195-D2

Tips. 두브로브니크 여행의 동반자, 두브로브니크 패스 Dubrovnik Pass

패스 소개 성벽(로브리예나츠 요새 포함), 각종 박물관, 시내버스 무제한 승차권이 포함된 패스. 제휴를 맺은 음식점, 기념품점, 여행사 등의 할인 혜택을 받을 수 있다. 두브로브니크 패스 1일권과 성벽 입장권 가격이 같으므로 두브로브니크 패스를 구매하는 게 이득이다. 3일권, 7일권은 숙소 위치와 일정을 살핀 후 구매하는 걸 추천한다.

구매 방법 공식 홈페이지에서 구매할 수 있다. 온라인으로 구매하면 PDF 파일을 다운받을 수 있는 링크가 포함된 이메일이 발송된다. 인쇄할 필요는 없으며, PDF 파일 내 QR코드를 캡처해서 명소에 입장할 때마다 보여주면 된다.
💰 3월~11월 초 1일권 €40, 3일권 €50, 7일권 €60, 11~2월 1일권 €15, 3일권 €25, 7일권 €35
🔗 dubrovnikpass.com

포함 사항
· 입장권 포함: 성벽(로브리예나츠 요새), 옛 총독 궁전, 프란체스코회 수도원, 해양 박물관 외
· 레스토랑 및 기념품점 할인(10%): 두브라브카 1836, 테라 크로아티아
· 시내버스 무제한 탑승. 👁 두브로브니크 패스로 시내버스 타는 법 p.188

로브리예나츠 요새 Lovrijenac Fortress(Tvrdava Lovrjenac)

자유를 수호하는 절벽 위 요새

성벽을 이루는 요새. 37m 높이 바위에 우뚝 솟은 로브리예나츠 요새는 바다에서 공격해오는 적을 막고 필레 문의 방비를 강화할 목적으로 지었다. 입구에 "NON BENE PRO TOTO LIBERTAS VENDITUR AURO(자유는 세상에 있는 모든 금으로도 살 수 없다)"라는 라틴어 문장이 쓰여 있다. 요새에 오르면 해안 절벽을 절묘하게 활용한 보카르 요새와 바다 쪽의 성벽을 볼 수 있다. 요새는 종종 공연장으로 변신하는데, 두브로브니크 여름 축제의 상징인 〈햄릿〉 공연이 특히 유명하다. 요새를 찾아가는 길목에 HBO에서 방영한 드라마 〈왕좌의 게임〉 촬영지가 있고, 요새 자체도 드라마 속 성의 모티프가 되었기 때문에 팬들의 발길이 끊이지 않는다.

Sightseeing 02

📍 Ul. od Tabakarije 29 🚶 필레 문 앞 여행 안내소에서 도보 5분 🕐 1~3월 09:00~15:00, 4~5월 09:00~18:30, 6~7월 08:00~19:30, 8월~9월 15일 08:00~19:00, 9월 16일~10월 09:00~18:00, 11~12월 09:00~15:00 🚫 12월 25일 💶 3~11월 €15, 11~2월 €5, 당일 성벽 입장권 소지 시 무료
🔗 citywallsdubrovnik.hr/lovrjenac-fortress 📖 p.194-C3

Note 01
한눈에 익히는 성벽 투어 코스

민체타 요새

보카르 요새

성 이반 요새

레벨린 요새

성벽 내 카페

성벽 투어의 하이라이트

지붕은 빨갛고 바다랑 하늘은 파랗고. 얼핏 비슷한 건물처럼 보여도 성벽의 주요 스폿을 미리 알아두면 아는 만큼 더 흥미롭게 여행할 수 있다.

- **민체타 요새**(Tvrđava Minčeta): 성벽 북서쪽을 지키는 요새. 성벽에서 가장 높은 지점으로 크로아티아 국기가 휘날리는 꼭대기에 서면 구시가와 바다, 로크룸섬까지 훤히 내려다보인다.

- **보카르 요새**(Tvrđava Bokar): 성벽 남서쪽에 자리하며 요새 안에서 포격이 가능한 이중 구조로 만들었다. 로브리예나츠 요새가 잘 보인다.

- **성 이반 요새**(Tvrđava Sv. Ivana): 성벽 남동쪽 요새로 항구를 지키는 용도로 만들었다. 성벽 입구 중 하나이며 내부에 해양 박물관이 있다.

- **레벨린 요새**(Tvrđava Revelin): 성벽 밖에 지은 요새로 플로체 문을 지키는 역할을 했다.

- **필레 문**(Pile): 성벽에 있는 3개의 문 중 가장 많은 사람이 이용한다. p.213

- **플로체 문**(Ploce): 케이블카 정류장으로 갈 수 있는 문이다. p.213

- **카페**: 보카르 요새와 성 이반 요새를 잇는 길목에 위치한다. 성벽 위에서 쉴 수 있는 유일한 공간.

Tips. 성벽 일주 시 주의사항

- 성벽 전체를 둘러보는 데는 넉넉잡아 2시간 정도 걸린다. 사진을 찍거나 쉬어가다 보면 더 오래 걸릴 수도 있으니 일정을 여유롭게 잡는 것을 추천한다.
- 태양을 막아줄 구조물이 없으므로 여름에는 이른 아침이나 해 질 무렵에 방문하는 게 좋다. 선크림, 선글라스, 모자도 꼭 챙기자.
- 물, 과일, 초콜릿 같은 간단한 간식거리를 챙겨가면 좋다.
- 필레 문 입구로 들어갔다면 꽤 가파른 계단을 올라야 한다. 계단이 많진 않으나 계단 폭이 좁고 높으니 조심할 것. 일단 들어가면 일방통행이다.
- 필레 문이나 플로체 문으로 들어갔다면 또 다른 입구가 있는 해양 박물관 앞에서 한 번 더 입장권 검사를 받게 되므로 잃어버리지 않도록 잘 챙긴다.
- 성벽 단독 입장권이 아니고 두브로브니크 패스로 입장했다면 해양 박물관은 무료. 큰 볼거리는 없지만 화장실을 쓸 수 있고 실내가 시원해서 여름에 한숨 돌리기 좋다.

성벽 투어의 뷰 포인트

놓치고 지나갈 뻔한 포토 스폿은 덤! 4개의 뷰 포인트를 따라 성벽을 걸어보자.

View Pont ① 플라차 대로 방향
필레 문에서 플라차 대로를 바라보는 뷰.

View Pont ② 스르지산 방향
민체타 요새 너머 스르지산을 조망하는 뷰.

View Pont ③ 로브리예나츠 요새 방향
보카르 요새 주변에서 로브리예나츠 요새를 향하는 뷰.

View Pont ④ 구시가 방향
루자 광장, 두브로브니크 대성당을 응시하는 뷰.

Note 02

성벽 위를 걸으며 도시의 과거를 마주하다

두브로브니크 구시가를 돌아다니다 보면 숨이 턱까지 차오르는 순간이 온다. 구시가를 동서로 가로지르는 플라차 대로 양옆으로 마치 생선 등뼈에 붙은 잔가시마냥 골목이 빽빽하게 뻗어 있는데, 가쁜 숨을 몰아쉬며 골목의 계단 끝까지 올라가면 꽤나 강인한 벽에 막혀 더 이상 앞으로 나아갈 수가 없게 된다. 바로 구시가를 둘러싸고 있는 성벽이다. 1000년 전부터 바늘 하나 들어갈 틈조차 없어 보이는 견고한 성벽을 세운 두브로브니크 사람들. 그들이 지키고 싶었던 것은 무엇이었을까.

동양과 서양, 기독교와 이슬람교가 교차하는 지점에 자리한 두브로브니크. 따라서 이 도시를 노리는 세력은 고대 로마 시대부터 끊이지 않았다. 외세의 지배를 받은 적도 있지만, 차근차근 성벽을 쌓아 올리며 두브로브니크는 온전한 자유를 손에 얻었다. 그렇게 성벽이 지금의 모습을 갖춘 15세기부터 대지진이 덮치기 직전인 17세기 중반까지 두브로브니크는 전성기를 맞았다.

1991년 12월 6일은 크로아티아의 역사를 움직인 여러 날 중에서도 상당히 중요한 날이다. 그해 여름 크로아티아는 유고슬라비아 공산 정권에 분리 독립을 선언했지만 받아들여지지 않았고, 결국 독립 전쟁이 발발했다. 두브로브니크는 10월부터 유고 인민군에 포위된 상태였으며, 12월 6일 단행된 강력한 포격으로 구시가의 건물 70% 정도를 잃었다. 제대로 된 무기도 갖추지 못했지만, 시민들은 그 누구의 지배도 용납하지 않겠다는 결기로 끝까지 버텨냈다. 크로아티아의 많은 도시가 베네치아 공화국의 식민지로 전락했을 때도 베네치아와 동등한 권리로 무역을 한 도시가 두브로브니크였다.

30여 년 전, 두브로브니크 시민들은 결국 자유를 지켜냈고 평화를 돌려받았다. 성벽 위를 걷다 보면 아직 채 복구하지 못한 건물이 눈에 들어온다. 낡고 헤진 공간을 수리하는 와중에도 성벽을 걷는 여행자를 향해 엄지를 척 들어 올리는 현지인들의 웃는 얼굴이 오래도록 마음에 남는다.

스르지산 Srd
노을과 야경을 보며 마무리하는 여행

Sightseeing 03

구시가 북쪽에 위치한 높이 413m의 스르지산은 두브로브니크 최고의 전망대. 산 정상에는 케이블카 정류장, 레스토랑, 액티비티 시설, 요새, 박물관, 야외극장 등의 시설이 있다. 산 정상 케이블카 정류장은 3층 규모로 1층은 레스토랑, 2층은 케이블카 승하차장과 기념품점, 3층은 전망 공간이다. 정류장 밖으로 나가면 하얀 대리석으로 만든 거대한 십자가를 볼 수 있다. 십자가 아래쪽 공터에서는 케이블카 케이블의 방해 없이 구시가를 조망할 수 있지만 안전 장치가 부실해 추천하지 않는다. 쨍한 풍경을 보고 싶다면 오전에 산을 오르는 것이 좋고, 노을과 야경을 보고 싶다면 일몰 시간을 알아보고 맞춰서 올라가는 것이 좋다. 구글 지도에서 '두브로브니크 스르지산 전망대' 혹은 정류장의 '파노라마 레스토랑 앤 바(Panorama Restaurant&Bar)'로 찾자.

📍 p.194-B3

Tips. 두브로브니크 일몰 시간
케이블카 운행시간을 기준으로 삼았을 때 노을과 야경을 함께 보는 게 가능한 시기는 4~10월. 다만 해가 넘어가기 시작하는 때로부터 구시가의 야경이 또렷이 보일 때까지 길게는 2시간 정도 걸리기 때문에 조금 지루할 수 있다. 그럴 땐 다음 2가지 방법을 추천한다. 아래 사이트에서 예상 일몰 시간을 확인할 수 있다.
🔗 timeanddate.com/sun/croatia/dubrovnik

파노라마 레스토랑 앤 바 이용하기
실내의 창가, 외부의 절벽 쪽 전망 좋은 자리는 예약하는 게 좋다. 식사를 하지 않고 음료만 주문해도 된다. 담요도 제공한다. p.222

케이블카 승하차장 벤치에서 기다리기
정류장 내 와이파이 속도가 빠른 편이라 심심하진 않을 것이다. 산 정상은 한여름에도 쌀쌀하므로 얇은 겉옷이나 스카프를 챙겨가자.

스르지산 어떻게 올라갈까?

Pick 케이블카 : 가장 빠르고 인기 있는 방법
정상으로 가는 가장 빠르고 편하고 비싼 교통수단. 5분이면 정상에 도착한다. 선명한 주황색 케이블카에는 최대 15인 탑승이 가능하고 승객이 차면 바로바로 출발한다. 성수기에는 티켓 구매부터 탑승까지 1시간 이상 기다리기도 한다.

📍 Ul. kralja Petra Krešimira IV
🚶 플로체 문 밖으로 나가 케이블카 표지판을 따라 걸어가면 산 아래 정류장이 나온다. 도보 5분
🕐 3·11월 09:00~17:00(4월 ~21:00, 5월 ~22:00, 6~8월 ~24:00, 9월 ~23:00, 10월 ~20:00)
❌ 12~2월
💰 왕복/편도 일반 €27/15, 4~12세 €7/4
🔗 dubrovnikcablecar.com

시내버스 : 케이블카가 운행하지 않을 때 여행한다면
필레 문 앞에서 17번 버스를 타고 올라갈 때 운행 방향 기준 오른쪽에 앉아야 전망이 좋다. 필레 문 앞 버스 회사 사무소에 시간표가 붙어 있으니 확인 후 움직이자.

🚶 필레 문 앞에서 17번 버스를 타고 종점 보산카(Bosanka) 정류장에서 하차. 버스 약 20분, 버스에서 내려 정상까지 도보 15~20분
🕐 09:15~22:00(첫차 필레 문 앞 정류장, 막차 종점 기준), 배차간격 60분
💰 €1.73

택시 : 모이면 모일수록 저렴하다
3인 이상이라면 케이블카보다 저렴하다! 필레 문 앞, 플로체 문 앞 택시 정류장에서 스르지산 정상까지 고정 요금으로 운행한다. 우버, 볼트로 택시를 부르면 고정 요금보다 저렴한 편.

💰 고정 요금 €29, 우버/볼트 €10~15

도보 : 등반을 즐기는 사람만!
체력과 시간 여유가 있다면 도전할 수 있지만 추천하지 않는다. 특히 해가 진 이후에는 절대 금물. 도로 환경이 좋지 않고, 걸어 올라가는 데 1시간 30분~2시간, 내려오는 데 1시간~1시간 30분 정도 걸린다.

📍 Jadranska cesta 4(등산로 입구)
G 스르지산 등산로
📖 p.194-B4

Theme 02

아드리아해에 풍덩!
두브로브니크의 해변

두브로브니크의 구시가와 신시가는 모두 바다를 향해 튀어나온 반도 모양이다. 숙소가 구시가에 모여 있는 다른 바닷가 도시와 달리 두브로브니크의 신시가에는 해변을 낀 대규모 호텔도 많은 편이다. 물가가 비싸 부담스럽지만 느긋하게 해수욕을 즐기기에 제일 좋은 도시인 셈이다. 두브로브니크의 해변은 고운 모래가 깔린 백사장이 아닌 자갈이 깔린 해변이다. 해수욕을 즐기고 싶다면 아쿠아슈즈, 비치 타올은 미리 준비해가는 게 좋다. 선베드, 파라솔, 탈의실 등을 유료로 운영하는 곳도 있다. 여행자가 접근하기 좋고 각기 다른 매력을 가진 해변 세 곳을 알아보자.

Pick! 두브로브니크 추천 해변
· 반예 해변
· 벨뷰 해변
· 라파드 해변

반예 해변 Banje Beach(Plaža Banje)

Sightseeing 04

구시가와 가까워 가장 인기 있는 해변

구시가의 풍경을 보며 물놀이를 즐길 수 있다. 접근성이 좋아 성수기에는 굉장히 붐빈다. 많은 사람이 방문하는 만큼 탈의실, 샤워장, 선베드와 파라솔 등 편의 시설(일부 유료)도 잘 갖춰져 있다.

🚶 플로체 문에서 도보 5분 📍 p.194-B4

Sightseeing 05
벨뷰 해변 Bellevue Beach(Plaža Bellevue)
필레 문에서 해변까지 탁 트인 바다를 따라

라파드 지구 초입의 호텔 벨뷰 두브로브니크(Hotel Bellevue Dubrovnik) 아래쪽에 있다. 도로에서 보면 호텔에 가려져 투숙객 전용 해변처럼 보이지만 누구나 자유롭게 드나들 수 있는 곳이다. 호텔 입구를 바라보고 오른쪽에 있는 주차장을 끼고 아래로 내려가면 해변에 닿는다. 투숙객은 호텔 내부로 이동할 수 있다는 장점이 있다.

♥ 호텔 벨뷰 두브로브니크 Ul. Pera Čingrije 7 ☆ 필레 문에서 호텔까지 도보 약 20분 ⓜ p.194-B4

Sightseeing 06
라파드 해변 Lapad Bay Beach(Uvala Lapad)
해 질 녘 더욱 아름다운 한적한 바닷가

라파드 지구 서쪽 끝 해변. 시내에 있는 해변 중에서는 넓은 편이라 한결 여유롭고, 해변이 서쪽을 향해 있어 해 질 때의 풍경이 특히 아름답다. 걸어서 5분 거리에 한식당 본토 코리안 레스토랑 p.221 이 있다.

♥ Masarykov put 5 ☆ 필레 문에서 4·6번 버스로 약 20분 ⓜ p.194-A3

두브로브니크를 수도로 삼았던 라구사 공화국(1358~1808)은 지중해의 동서를 잇는 해상무역으로 번성했는데, 당시 흔적이 구시가 곳곳에 남아 있다. 또한 크고 작은 성당들은 이슬람교에 맞서던 최전선으로서 이 땅에 뿌리내린 천주교의 위용을 보여준다. 구시가 내 명소는 모두 걸어서 둘러볼 수 있고, 오가며 수시로 지나치는 공간도 많다.

두브로브니크 추천 스폿

- 👁 Sightseeing
- ✖ Food&Drink
- 🛍 Shopping

필레 문 Pile Gate(Pile)

구시가 여행의 출발점

여행 안내소가 있고 버스 터미널, 항구, 신시가에서 온 시내버스, 관광버스, 택시가 필레 문 앞에서 모이기 때문에 항상 북적인다. 16세기부터 도시를 지켜온 문은 르네상스 양식의 바깥문과 고딕 양식의 안쪽 문 이중 구조로 되어 있다. 현재는 두 문을 연결하는 다리가 단단한 석조지만, 과거에는 외적의 침입을 막기 위해 들어 올릴 수 있는 목조 다리였다고 한다. 안쪽 문 벽감에는 대지진 이전의 구시가 모형을 들고 있는 두브로브니크의 수호성인 성 블라호의 조각상이 놓여 있다. 문을 통과해 구시가로 들어서면 플라차 대로와 만난다.

Ul. Vrata od Pila 버스 터미널 또는 그루즈 항구에서 1A·1B·3·8번 버스를 타고 필레(PILE) 정류장에서 하차 p.195-D2

Sightseeing 08

플로체 문 Ploce Gate(Vrata od Ploča)

케이블카 타러 가는 길

동쪽에서 구시가로 들어가는 문이다. 필레 문과 구조가 같으며 바깥문과 안쪽 문 사이 공터에서 옛 항구의 모습을 조망할 수 있다. 케이블카 정류장, 공항버스 정류장, 반예 해변으로 가려면 플로체 문으로 나가면 된다. 문밖 신시가에는 아파트먼트 형태의 숙소가 많다.

Ul. Vrata od Ploča 필레 문에서 플라차 대로를 따라 도보 10분 p.195-F2

Sightseeing 09
큰 오노프리오 분수
Large Onofrio's Fountain(Velika Onofrijeva fontana)

두브로브니크 시민의 오아시스

필레 문으로 들어가면 가장 먼저 만나는 랜드마크. 분수 앞의 수많은 투어 프로그램의 출발점이다. 분수를 처음 만든 1438년 이래 19세기까지 두브로브니크에 깨끗한 물을 공급했고, 지금도 맑은 물이 졸졸 흘러나온다. 16면 전체에 각각 다른 형상이 조각되어 있었는데 지진과 전쟁으로 크게 훼손되었다.

Poljana Paska Miličevića 2000 필레 문에서 도보 1분
p.195-D2

플라차 대로 Placa
Sightseeing 10
구시가에서 가장 넓은 길

구시가에서 가장 넓고 번화한 길로 스트라둔(Stradun)이라고도 불린다. 필레 문에서 루자 광장까지 300m가량 직선으로 시원스레 뻗은 길 양옆의 건물은 1667년 대지진 이후에 전부 새로 지었다. 1층은 상업 시설이고 2층과 3층은 주거 공간으로 건물 구조가 거의 같다. 11세기 말, 바닷물이 흐르던 운하를 메워 만들었으며, 만남의 장소이자 축제나 이벤트의 주요 무대가 되기도 한다. 반짝반짝 빛나는 석회암 길 양옆으로 난 좁은 골목으로 들어가면 두브로브니크의 새로운 매력을 만날 수 있다.

필레 문에서 도보 1분 p.195-E3

Sightseeing 11
군둘리체바 광장
Gundulić Square(Gundulićeva poljana)
아담한 노천 시장이 펼쳐지는 곳

애정을 담아 고향 두브로브니크를 노래한 시인 이반 군둘리치(Ivan Gundulić)의 동상이 광장 중앙에 서 있고 동상 주변에 시장이 선다. 주민들은 주로 오전에 장을 보고 오후엔 여행자로 북적인다. 겨울에는 기념품 가판이 현저히 줄어든다.

🚶 루자 광장에서 도보 1분 ✖ 노천 시장 일요일 휴무
🗺 p.195-E3

루자 광장 Luza Square(Trg. Luža) Sightseeing 12
여름 축제의 메인이 되는 구시가의 중심

플라차 대로 동쪽 끝 루자 광장은 탁 트인 곳이 없는 구시가에서 가장 시원한 공간이다. 대지진의 피해를 비껴간 유일한 건물인 스폰자 궁전 등 화려한 건물로 둘러싸여 있어 해상무역이 번성했던 시절의 영광을 떠올리게 한다. 광장 중앙에 프랑스 기사 롤랑의 조각이 놓인 게양대가 있으며, 여름 축제 기간 내내 공화국 시절의 국기를 게양한다. 스폰자 궁전 옆, 시계탑 아래로 난 문으로 나가면 옛 항구와 플로체 문으로 가는 길이 나온다.

📍 Luža ul. 🚶 큰 오노프리오 분수에서 플라차 대로를 따라 도보 3분 🗺 p.195-E3

Sightseeing 13
옛 총독 궁전 Rector's Palace(Knežev dvor)
라구사 공화국의 역사를 품은 박물관

옛 공화국의 정치, 행정의 중심지. 공화국 수장인 총독의 집무실과 사저, 평의회, 행정부, 재판소, 형무소 등이 있었다. 무기고 폭발과 대지진으로 여러 번 재건축하며 고딕, 르네상스, 바로크 양식이 혼재한 외관을 갖게 됐다. 현재는 문화 역사 박물관으로 쓰인다. 집무실, 법정, 무기고 등을 볼 수 있고, 벽을 장식한 화려한 그림, 식기, 가구 등 전시품 1만여 점이 빼곡하다.

Pred Dvorom 3 루자 광장에서 도보 1분 4~10월 09:00~18:00, 11~3월 09:00~16:00, 12월 24~31일 09:00~12:00 월요일, 1월 1일, 2월 3일, 12월 25일 개별권 €15, 박물관 통합권 €20, 두브로브니크 패스 소지 시 무료
dumus.hr/en/cultural-history-museum p.195-E3

Sightseeing 14
옛 항구 Old Port(Gradska luka)
아름다운 근교로 떠나는 보트 여행

한때 600척이 넘는 범선을 거느렸던 해상 강국 라구사 공화국을 있게 한 옛 항구. 12세기에 만들고 15세기에 보강해 지금의 모습을 갖추었다. 현재 항구의 주요 기능은 신시가의 그루즈 항구로 옮겨갔지만, 로크룸섬, 차브타트를 오가는 여객선과 보트 투어는 여전히 이 항구에서 출발한다. 성 이반 요새를 끼고 돌아 바다 쪽으로 나가면 빨간 등대와 벤치, 방파제가 나오는데 여기서 바라보는 풍경이 아름답다.

루자 광장에서 도보 2분 p.195-F3

Sightseeing 15
프란체스코회 수도원
Franciscan Church and Monastery
(Franjevački samostan i crkva)

시민의 건강을 책임진 종교 시설

두브로브니크에서 가장 아름다운 로마네스크 양식의 건축물로 14세기에 지었다. 필레 문을 통해 구시가로 들어가면 성벽 입구 바로 옆에 성 그리스도 성당(Crkva Sv. Spasa)이라는 작은 성당이 서 있다. 수도원 입구는 성당 오른쪽 골목으로 들어가면 나온다. 골목에 700년 전통의 말라 브라차 약국 p.224의 위치를 알리는 초록색 십자가 간판이 있다. 프레스코화로 꾸민 수도원 안뜰에는 작은 박물관이 있으며, 오래전 약국에서 사용하던 도기나 제조법이 담긴 옛 문서, 성가 악보 등이 전시되어 있다.

📍 Poljana Paska Miličevića 4 🚶 필레 문에서 도보 2분
🕐 3~10월 09:00~18:00, 11~2월 09:00~14:00 ❌ 1월 1일, 12월 25일 💶 €6, 두브로브니크 패스 소지 시 무료 🗺 p.195-D2

Sightseeing 16
성 블라호 성당
Church of St. Blaise(Crkva sv. Vlaha)

이 도시의 수호성인을 모시는 성당

두브로브니크의 수호성인 성 블라호에게 봉헌한 바로크 양식의 성당. 주 제단에 놓인 은으로 된 성상은 대지진과 화재에도 손상되지 않았다. 4세기에 활동한 성 블라호 주교는 로마의 기독교 박해 당시 순교했다. 전설에 따르면 971년에 한 사제 앞에 나타나 베네치아의 침략을 경고했고, 이에 방어 태세를 정비해 침략을 막을 수 있었다고 한다. 이 일이 일어난 2월 3일을 성 블라호 축일로 지정했다.

📍 Luža ul. 2 🚶 루자 광장에 위치 🕐 부정기 💶 무료 🗺 p.195-E3

 Sightseeing 17

두브로브니크 대성당
Dubrovnik Cathedral
(Katedrala Uznesenja Blažene Djevice Marije)

성모 승천의 숭고함과 사자왕의 전설이 깃든 곳

제3차 십자군 원정을 마치고 영국으로 돌아가던 중 폭풍을 만나 표류하던 '사자왕' 리처드 1세가 자신을 구해준 두브로브니크 사람들에게 감사의 의미로 거금을 봉헌했고, 그 돈으로 성당을 지었다는 전설이 전해진다. 대지진 이후 지금의 모습으로 재건되었다. 내부는 소박해 보이지만 국보급 보물을 다수 소장하고 있다. 주 제단에는 베네치아 르네상스의 거장 티치아노(Tiziano Vecellio)의 작품 〈성모 승천〉이 걸려 있다.

📍 Ul. kneza Damjana Jude 1　🚶 루자 광장에서 도보 2분
🕐 부정기　💰 무료　📖 p.195-E3

 Sightseeing 18

성 이그나티우스 성당
Church of St. Ignatius(Crkva sv. Ignacija)

드라마 속 명장면의 배경을 찾아라!

예수회 소속 이탈리아인 예술가 안드레아 포초(Andrea Pozzo)가 건축에 참여했으며, 1725년에 완공해 1729년에 개방했다. 성당 내부는 예수회 창설자인 이냐시오 데 로욜라(Ignacio de Loyola)의 일생을 그린 프레스코화로 장식되어 있다. 군돌리체바 광장 뒤편, 성당으로 올라가는 계단에서 HBO 드라마 〈왕좌의 게임〉의 명장면으로 꼽히는 '수치의 행진(Walk of Shame)'을 촬영했다.

📍 Poljana Ruđera Boškovića 7　🚶 루자 광장에서 도보 3분
🕐 상시 개방　💰 무료　🌐 isusovcidubrovnik.com　📖 p.195-E4

Food&Drink 01
루친 칸툰 두브로브니크
Lucin Kantun Dubrovnik

맛과 가격, 분위기까지 잡은 로컬 식당

가벼운 타파스부터 잘 차린 정찬까지 다양한 메뉴와 주류를 즐길 수 있다. 타파스 메뉴 중 일부는 한 끼 식사로 손색없는 양이라 메인 대신 주문하는 사람도 많다. 그중 '치즈 아이스크림을 올린 오징어 먹물 리소토(Black risotto with cheese ice cream)'가 우리나라 여행자들에게 호평. 푸딩과 비슷한 전통 디저트 '두브로브니크 크림 캐러멜(Dubrovnik style creme caramel)'도 추천한다. 비수기에도 영업하며 두브로브니크의 물가 대비 가격도 저렴한 편이다. 홈페이지에서 예약 가능.

📍 Ul. od Sigurate 7 🚶 필레 문에서 도보 3분 🕐 12:00~22:00
💶 메인 €19.7~38.9, 타파스 €9~14.5 🌐 lucinkantun.com(예약 가능) 📷 lucinkantundubrovnik 🗺 p.195-D2

Food&Drink 02
헤리티지 오브 두브로브니크
Heritage of Dubrovnik

두브로브니크 전통의 맛!

두브로브니크와 주변 지역에서 나는 식재료를 사용해 전통 방식으로 조리한다. 메뉴판에 요리의 재료, 조리법, 유래에 관한 설명이 적혀 있다. 모든 메뉴가 고르게 맛있고, 특히 쌀이 들어간 '피시 수프'와 '스터프드 스퀴드(Stuffed squid)'는 뜨끈하게 속을 데울 수 있어 좋다. 대체로 옛 항구 쪽 식당보다 저렴한 편이며, 구글 지도에서 예약할 수 있다.

📍 Prijeko 32 🚶 필레 문에서 도보 3분 🕐 11:00~22:00
❌ 일요일, 비수기 💶 메인 €25~36, 애피타이저 €10~19
📷 heritage_of_dubrovnik 🗺 p.195-D2

Food&Drink 03
두브라브카 1836 Dubravka 1836
유서 깊은 지중해식 레스토랑

1836년에 오픈했다. 노천 테이블에 앉으면 로브리예나츠 요새, 보카르 요새가 한눈에 들어온다. 애피타이저부터 메인까지 해산물이 주재료인 메뉴가 많은 편이며, 오전 11시 30분까지 주문할 수 있는 아침 메뉴도 있다. 맥주, 와인, 칵테일 등 주류 메뉴도 다양하다. 홈페이지에서 예약할 수 있고 비수기에도 영업한다. 두브로브니크 패스가 있으면 10% 할인해준다.

📍 Brsalje 1 🚶 필레 문 앞 광장 🕐 08:00~24:00 🍽 아침 메뉴 €2.6~, 메인 €19.6~, 커피 €3.3~, 글라스 와인 €3.8~
🌐 nautikarestaurants.com/dubravka-restaurant-cafe(예약가능) 📷 dubravka1836restaurantcafe 📖 p.194-C2

Food&Drink 04
바르바 Barba
문어 버거가 맛있는 아담한 버거집

'바르바(Barba)'는 달마티아 지역 방언으로 아저씨, 노인, 선장이란 뜻. 실내는 최대 10명 정도 앉을 수 있고, 만석일 땐 가게 앞 계단에서 먹는 사람도 많다. 대표 메뉴는 문어 버거. 문어와 생선살을 곱게 다져 튀긴 패티와 타르타르 소스와 비슷한 맛의 소스가 잘 어울린다. 오징어, 새우, 제철 생선튀김은 맥주와 찰떡궁합. 포장 손님도 많은 편이다.

📍 Boškovićeva ul. 5 🚶 필레 문에서 도보 4분 🕐 11:00~22:00
❌ 비수기 🍽 문어 버거 €13.5, 생선튀김 €15.9~
📷 barba.dubrovnik 📖 p.195-E3

Food&Drink 05
페피노스 젤라토 Peppino's Gelato
다 맛보고 싶을 만큼 맛있는 젤라토

두브로브니크에서 가장 맛이 뛰어난 젤라토 전문점. 구시가에 팩토리점, 가든점 두 곳의 매장을 운영한다. 20가지가 넘는 맛과 비건 메뉴가 있다. 아이스크림콘의 종류를 변경할 수 있다.

📍팩토리점(Factory) Ul. od Puča 9, 가든점(Garden) Ul. Svetog Dominika bb 🚶팩토리점 필레 문에서 도보 2분, 가든점 루자 광장에서 도보 2분 🕐 11:00~21:00 ❌ 비수기
🍦젤라토(한 스쿱) €3.5 ✈ peppinosgelato.com
📷 peppino_s 🗺 팩토리점 p.195-D3, 가든점 p.195-E3

Food&Drink 06
본토 코리안 레스토랑 Bonto Korean Restaurant
허기를 달래줄 제대로 된 한식 한 끼

프라하에서 10년 넘게 식당을 운영하다 두브로브니크의 풍광에 반해 정착했다는 사장님이 운영한다. 제대로 된 한식을 먹을 수 있는 곳으로 제육볶음, 불고기, 닭강정, 돌솥비빔밥처럼 그리웠을 메뉴가 가득하다. 모든 메뉴가 정갈하게 나오고 일부 메뉴는 포장도 가능하다. 라파드 해변이 걸어서 5분 거리에 있어 함께 둘러보기 좋다.

📍Masarykov put 3c 🚶필레 문 앞에서 4번 버스를 타고 라파드스키 드보리(LAPADSKI DVORI) 정류장, 6번 버스를 타고 엠.브라토샤(M.BRATOŠA) 정류장에서 하차 🕐 12:00~22:00 ❌ 일요일, 비수기
🍽 제육볶음 €23, 닭강정 €22, 돌솥비빔밥 €21, 김치찌개 €23, 부대찌개 €23 📷 bontorestaurant
🗺 p.194-A3

Food&Drink 07
파노라마 레스토랑 앤 바
Panorama Restaurant&Bar
스르지산 전망을 즐기려면 예약 필수!

음식 맛도 괜찮지만, 테이블에서 내려다보는 두브로브니크의 풍경만으로도 제값을 톡톡히 한다. 연초에 1년 예약이 전부 열리니 테라스 자리에 앉고 싶다면 일정이 정해지자마자 홈페이지에서 예약하자. 예약 시 'front row' 또는 'first row'를 선택해야 전망이 좋다. 여름에도 저녁에는 꽤 쌀쌀하므로 겉옷을 챙기길 추천한다.

🚶 스르지산 정상 🕘 09:00~매월 달라짐(홈페이지 확인 필수) ✖ 12~2월 🍴 메인 €19~45 ✈ nautikarestaurants.com/panorama-restaurant-bar(예약 가능) 📷 panoramarestaurantsrd 🗺 p.194-B3

Food&Drink 08
부자 카페 Buža bar
절벽에서 바라보는 압도적 풍경

바다 쪽 성벽 일부와 절벽을 활용해 최고의 전망을 보여주는 카페. 평범한 메뉴 구성에 가격도 구시가의 다른 카페보다 비싸지만, 풍경이 모든 것을 잊게 한다. 가게 입구를 찾기가 조금 까다롭지만 구글 지도 길 찾기가 정확하게 경로 안내를 해주니 믿고 따라가면 된다. 성수기에는 오전부터 대기 줄이 생기고 일몰 시간대에 사람이 가장 몰린다. 카페를 지나 해변으로 내려갈 수 있다.

📍 Crijevićeva ul. 9 🚶 루자 광장에서 도보 5분 🕘 08:00~24:00, 비수기 단축 영업 ✖ 11~3월 부정기 🍺 병맥주 €6~, 탄산음료 €4.5~6.5 ✈ bbuza.com 🗺 p.195-D4

테라 크로아티아 Terra Croatica Dubrovnik
딱 한 곳만 쇼핑한다면!

Shopping 01

크로아티아 최남단인 두브로브니크-네레트바주(Dubrovačko-neretvanska županija)의 소규모 전통 생산자들이 만든 올리브유, 잼, 꿀, 소금, 화장품 등과 유기농 제품을 만날 수 있다. 두브로브니크를 모티프로 자체 제작한 에코백과 책갈피 같은 기념품이 많아서 시간이 부족하다면 이곳만 둘러봐도 될 정도. 결제 시 두브로브니크 패스를 제시하면 10% 할인해준다.

📍 Ul. od Puča 17 🚶 필레 문에서 도보 3분 🕘 09:00~22:00, 비수기 단축 영업 ✉ terracroaticadubrovnik.com 📖 p.195-D3

 Shopping 02
두브로브니크 시티 숍-왕좌의 게임
Dubrovnik City Shop-IRON THRONE
'왕겜 덕후'들의 '인증샷' 명소

구시가에 드라마 <왕좌의 게임> 기념품을 파는 가게가 여럿 있다. 그중 이곳은 드라마의 상징과도 같은 '철 왕좌' 모형에 앉아 사진을 찍을 수 있어 유독 인기가 많다. 기념품 가격은 구시가의 다른 가게들과 비슷하다.

📍 Boškovićeva ul. 7(od Buže) 🚶 필레 문에서 도보 4분
🕘 09:00~22:00, 비수기 단축 영업 📖 p.195-E3

Shopping 03
말라 브라차 약국 Mala braća

수도원에서 귀하게 만든 화장품

프란체스코회 수도원 p.217 초입에 있다. 1317년 전 세계에서 세 번째로 개업했으며 현존하는 약국 중 가장 오래된 약국이다. 일반 의약품도 판매하지만, 약국에서 만드는 유기농 화장품이 기념품으로 인기가 많다. 특히 유명한 제품은 장미 크림. 기름져 보여도 피부에 빠르게 스며들며 보습력이 좋다. 천연 제품인 만큼 개봉 후 빨리 사용하길 권한다. 약국 내부는 사진 촬영 불가.

📍 Poljana Paska Miličevića 4 🚶 필레 문에서 도보 1분, 프란체스코회 수도원 내부 🕐 월~금요일 07:00~19:30, 토요일 07:30~13:00 ✖ 일요일 🏷 장미 크림 30g, €16.01 📖 p.195-D2

Shopping 04
바찬 Bačan Handmade Products

작고 아름다운 것이 가득한 자수 전문점

1973년에 문을 열어 3대째 이어오고 있는 두브로브니크 전통 자수 전문점이다. 매장에서 제일 잘 보이는 곳에 오래된 전통 의상과 가족사진이 걸려 있다. 한가할 때는 사장님이 가게의 시작부터 각 문양의 의미 등을 친절히 설명해준다. 블라우스, 가방, 테이블보 등 다양한 제품이 있으며, 크기가 작은 코스터는 여러 개 사서 기념품으로 돌리기에도 손색이 없다.

📍 Prijeko ul. 6 🚶 필레 문에서 도보 4분 🕐 09:30~15:30, 17:30~20:30, 일요일은 오전 영업 ✖ 비수기 부정기 🏷 코스터 €3~ 📖 p.195-E2

Plus Spot
무인도에서 보내는 특별한 시간
로크룸섬 Lokrum(Otok Lokrum)

두브로브니크의 스르지산에서 바다를 내려다보면 구시가 서쪽으로 초록이 우거진 섬 하나가 보인다. 옛 항구에서 배로 10분 남짓이면 도착하는 로크룸섬은 때 묻지 않은 자연의 생기로 가득하다. 섬 관리인조차 해가 지면 본토로 돌아가고 11월부터 3월까지 외지인의 발길이 일절 닿지 않기 때문이다. 구시가를 가득 채운 인파 대신 열대식물과 올리브나무가 가득한 초록 숨결을 걷고 싶다면, 햇살 아래 고요한 바다가 빛나는 로크룸섬으로 떠나자.

로크룸섬 교통

옛 항구 p.216에서 보트를 탈 수 있다. 매표소는 따로 없고 선착장에서 현금으로 왕복 티켓을 구매해서 원하는 시간대에 탑승하면 된다. 보트는 4~10월에만 다니며, 날이 궂으면 운항하지 않는다. 로크룸섬은 무인도이기 때문에 마지막 보트 시간을 확인하고 반드시 섬에서 나와야 한다.

보트 왕복+섬 입장료 일반 €30, 대학생 €10, 5~18세 €5 ✈ lokrum.hr 🗺 p.194-B4

보트 노선 시간표

노선	시간
옛 항구 → 로크룸섬	성수기 09:00, 10:00~18:00(30분 간격 운항)
	비수기 10:00~15:00(1시간 간격 운항)
로크룸섬 → 옛 항구	성수기 10:15~18:15(30분 간격 운항), 19:00
	비수기 10:15~15:15(1시간 간격 운항), 16:00

* 운항시간이 수시로 바뀌므로 로크룸 홈페이지의 시간표를 확인할 것.

로크룸섬 즐기기

섬의 입구인 포르토치 항구(Luka Portoč)에 내리면 분홍색 여행 안내소 건물이 보인다. 섬 지도와 안내 책자, 기념품 등을 판매한다. 여행 안내소를 지나 섬 안쪽으로 들어가는 길 초입에 카페와 매점이 있다. 섬 자체는 그다지 크지 않아 해수욕을 하지 않을 경우 1~2시간이면 금방 둘러볼 수 있으며, 곳곳에 안내판이 있다. 자유롭게 돌아다니는 공작새들을 쉽게 만날 수 있으니 놀라지 말 것.

Pick 01 막시밀리안 정원과 식물원 Maksimilianovi vrtovi&Botanički vrt

섬을 소유했던 합스부르크 왕가의 페르디난트 막시밀리안(Ferdinand Maximilian) 대공이 만들었다. 올리브나무를 비롯해 칠레, 남아프리카 등지에서 가져온 이국적인 식물이 자연 그대로의 모습으로 살고 있다.

Pick 02 로열 요새 Utvrda Royal(Fort Royal)

섬에서 가장 높은 곳. 가는 길의 경사가 가팔라서 '천국으로 가는 길'로 통한다. 요새 꼭대기에서는 두브로브니크 구시가의 모습을 볼 수 있다.

Pick 03 누드 비치 FKK Rocks Lokrum

섬의 남동쪽 끝에 자리한 암석 해변은 성수기에도 많이 붐비지 않고, 시내 해변보다 물이 맑다. 해변의 일부 구역이 누드 비치로 운영된다. 사진 촬영 및 수영복 착용 금지.

Part 07
우리들의 작은 여행

Special Journeys

Map of Beautiful Villages

크로아티아 소도시 지도

5개의 거점 도시에서 훌쩍 다녀올 수 있는 소도시는 여행을 더욱 다채롭게 만들어준다.
느긋하고 한가로운 시간을 찾아 작지만 알찬 여행을 떠나보자.

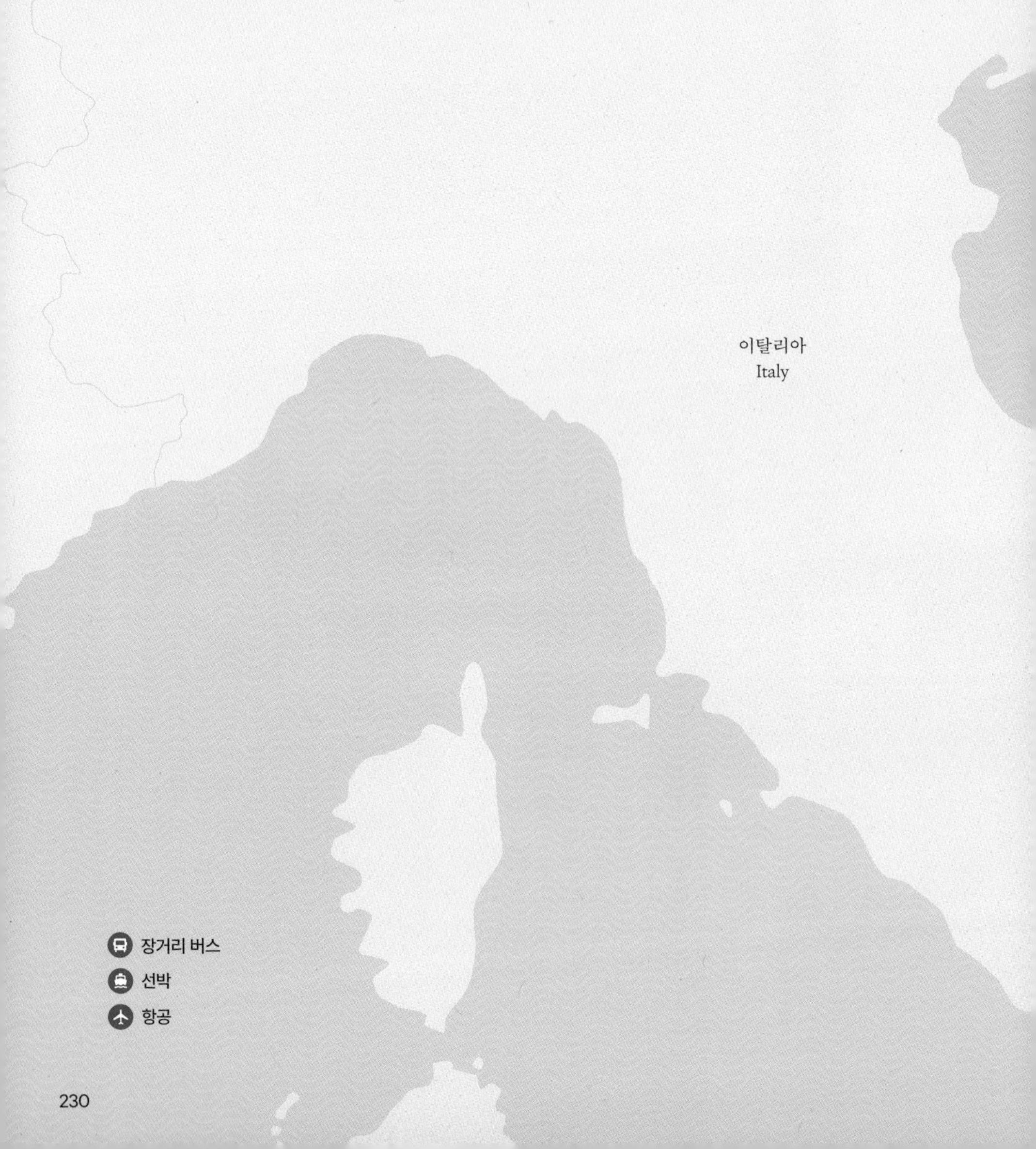

이탈리아
Italy

🚌 장거리 버스
🚢 선박
✈ 항공

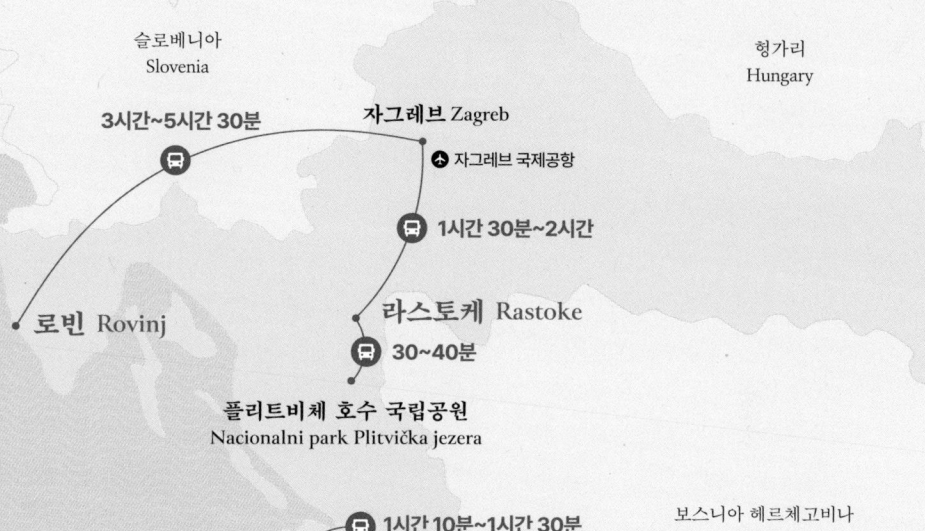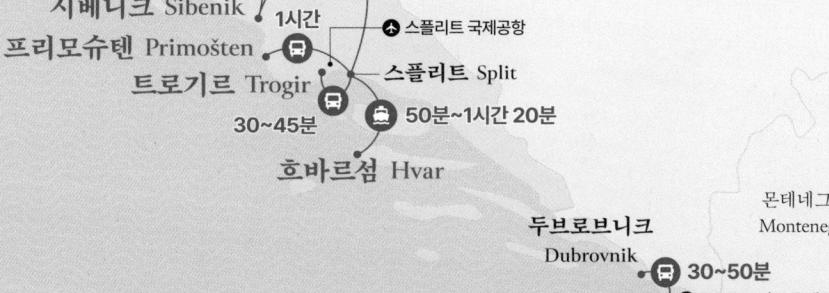

Journey 01
사랑에 빠지는 도시 로빈

무려 500년 넘게 베네치아 공화국의 지배를 받은 로빈은 지금도 로비뇨(Rovigno)라는 이탈리아어 이름을 함께 표기할 정도로 이탈리아 색이 짙게 남아 있다. 로빈은 작은 마을이라 서너 시간이면 주요 명소를 둘러볼 수 있다. 하지만 많은 여행자가 이스트라반도의 다른 도시는 제쳐두고서라도 로빈을 들르는 데는 이유가 있다. 배를 타고 나가 바다에서 바라보는 구시가와 해 질 녘의 모습은 크로아티아의 다른 어느 도시보다 낭만적이다.

Rovinj

Access

로빈으로 이동하기

로빈으로 가려면 자그레브 또는 이스트라반도에서 가장 큰 도시인 풀라(Pula)에서 장거리 버스를 이용하는 게 가장 편리하다. 성수기인 4월 중순부터 10월 사이엔 로빈과 베네치아 사이를 오가는 페리가 운항한다.

로빈은 어디에 있을까
크로아티아와 이탈리아를 오가는 길목에 위치한 이스트라반도는 아드리아해를 향해 튀어나온 삼각형 모양이다. 로빈은 이스트라반도 서쪽 해안선의 중간쯤에 위치한다. 로빈은 원래 섬이었다. 베네치아 지배 말기, 시가지가 점점 확장되자 1763년 섬과 본토 사이의 물길을 메워버렸다. 그래서 하늘에서 로빈을 내려다보면 육지에서 달걀 모양으로 볼록 튀어나온 반도다.

장거리 버스
- 장거리 버스 노선이 많은 편은 아니다. 특히 자다르, 스플리트 등 달마티아 지역 노선은 많아야 하루 2~3회, 비수기엔 운행을 하지 않는 날도 있다.
- 자그레브에서 로빈행 버스를 타면 풀라를 경유해서 간다. 비수기엔 운행 편수가 많이 줄어든다.

자그레브-로빈
🚌 하루 10~25회
⏱ 3시간~5시간 30분
💶 €26~29

풀라-로빈
🚌 하루 7~25회
⏱ 45분
💶 €7~9

Tips. 로빈 버스 터미널 이용하기
구시가 동남쪽에 위치한 로빈 버스 터미널(Autobusni kolodvor Rovinj)은 승하차장이 2개뿐일 정도로 규모가 작다. 로빈행 버스는 대부분 다른 도시를 거쳐 오기 때문에 제시간에 도착하지 않는 일이 잦다. 타 도시행 버스에 탑승할 땐 버스 앞 유리에 붙어 있는 행선지 안내 종이만 보지 말고 버스 기사에게 한 번 더 확인하고 탑승하자. 건물 내부에 화장실, 유인 짐 보관소가 있으며 매표소에 문의하면 이용할 수 있다.
📍 Trg na lokvi 6 G Arriva Rovinj Bus Station

버스 터미널에서 구시가까지
터미널 밖에 가판대인 티삭이 있고 길 건너에 드러그스토어 뮐러가 있다. 뮐러를 바라본 상태에서 왼쪽으로 방향을 잡고 걸어가면 길 왼쪽에 슈퍼마켓 콘줌이 있고 정면으로 바다가 보인다. 바다를 마주 보는 지점까지 내려간 후 오른쪽으로 방향을 돌려 바다를 끼고 계속 걸어가면 구시가가 나온다.
가는 길에 주차장을 지나는데 주차장 한쪽에 '포토 포인트(Photo Point)' 안내판이 있다. 터미널에서 티토 광장(Marsala Tita Square)까지 걸어서 8분 정도 걸린다.

Tips. 여행 안내소
Rovinj-rovigno Tourist Board
📍 Trg na mostu 2
🕐 08:00~21:00, 성수기 일요일 08:00~16:00, 비수기 단축 운영
❌ 비수기 일요일
🌐 rovinj-tourism.com
📷 lovelyrovinj

로빈 여행의 시작
Spot 01 티토 광장 Marsala Tita Square(Trg. Maršala Tita)

로빈의 중심으로, 섬이었던 로빈과 본토를 연결하기 위해 매립하면서 새로 생긴 땅이다. 물고기를 든 소년의 청동상이 서 있는 분수대 주변으로 노천 테이블이 광장을 메우고 있다. 광장 한쪽에 자리한 주홍색 시계탑은 로빈섬을 둘러쌌던 성벽의 흔적이다. 시계탑 아래쪽에는 날개 달린 사자 조각상이 있는데, 500년 넘게 로빈을 지배한 베네치아의 수호성인 성 마르코의 상징이다. 티토 광장 앞 항구엔 여행사의 유람선, 요트, 어선 등 다양한 목적을 가진 배가 정박해 있으며 보트 투어의 출발점이기도 하다.

📍 Trg Maršala Tita

티토 광장에서 도보 1분
Spot 02 발비 문 Balbi's Arch(Balbijev luk)

시계탑 맞은편에 있는 발비 문은 로빈이 섬이었던 시절, 진짜 구시가로 통하는 문이었다. 문 바깥쪽엔 터번을 두른 사람의 얼굴이, 안쪽엔 베네치아 사람의 얼굴이 조각되어 있다. 문으로 들어서면 만나는 낡은 건물과 좁은 골목 풍경에서 오랜 세월과 삶의 흔적이 느껴진다.

📍 Trg G. Matteottija G 발비스 아치 로비니

발비 문에서 **도보 2분**

Spot 03 그리시아 거리 Grisia

성 에우페미아 성당으로 향하는 여러 갈래 길 가운데 가장 아름답고 특색 있는 골목이다. 완만한 경사를 이루는 좁은 길 양옆으로 지역 예술가들의 공방이 빼곡하다. 대부분의 공방이 문을 활짝 열어놓아 예술가들이 작업하는 모습과 그들의 작품을 감상할 수 있다. 운이 좋으면 작품에 대한 설명을 직접 듣는 행운도 덤으로 찾아온다. 크로아티아 여행의 특별한 기념품을 찾는다면 그리시아 거리 전체가 매력적인 기념품점이 될 것이다.

G Ul. Grisia rovinj

그리시아 거리에서 **도보 5분**

Spot 04 **성 에우페미아 성당** Church of St. Euphemia(Crkva svete Eufemije)

언덕 꼭대기에 서 있는 순백의 성당으로 이스트라반도에서 가장 큰 바로크 양식 건축물이다. 원래 이 자리엔 성 게오르기우스에게 바친 작은 성당이 있었고 성 에우페미아의 석관을 모신 후 증축해 지금의 모습이 되었다. 성 에우페미아는 로빈의 수호성인으로 성당 곳곳에서 그의 흔적을 발견할 수 있다. 우선 성당 내부 오른쪽 제단 뒤에 그의 석관이 있다. 베네치아 산마르코 광장의 종탑을 본떠서 만든 41m 높이의 종탑 꼭대기에는 성 에우페미아의 청동상이 놓여 있다. 종탑에서 보는 전망이 굉장히 아름답지만 계단이 가파르고 개방시간이 일정하지 않은 게 단점이다.

📍 Trg Sv. Eufemije 🕐 10:00~20:00, 비수기 단축 운영 ❌ 부정기 💰 내부 무료, 종탑 €4 G 성녀 에우페미아 성당

> **Tips. 성 에우페미아와 성 에우페미아 성당**
> 디오클레티아누스 황제 시절, 15세의 성 에우페미아는 로마군에게 붙잡혀 모진 고문을 당하며 신앙을 저버리길 강요받았다. 그는 결국 사자굴로 던져졌지만, 사자들이 그의 목숨을 끊었을 뿐 육체는 훼손하지 않았다고 한다. 비바람이 몰아치던 어느 새벽 그의 시신이 담긴 석관이 로빈 앞바다에 나타났는데, 온갖 수단을 동원해도 석관은 꿈쩍하지 않았다. 그러던 어느 날 한 소년이 소 두 마리를 이끌고 나타나 석관을 마을에서 가장 높은 곳으로 옮겼고, 그 자리에 성 에우페미아 성당이 세워졌다.

성 에우페미아 성당에서 **도보 5분**

Spot 05 노천 시장

Rovinj Market(Rovinjska tržnica)

바닷가 공원 옆에 자리한 로빈의 노천 시장은 상품이 다양해 구경하는 재미가 있다. 로빈이 위치한 이스트라반도가 송로버섯의 주산지라 송로버섯을 넣은 올리브유, 페이스트 등 가공식품을 저렴하게 구매할 수 있다.

📍 Ul. Giuseppea Garibaldija

Tips. 로빈을 즐기는 또 다른 방법, 보트 투어

로빈을 색다르게 즐기고 싶다면 티토 광장 앞 항구로 가자. 보트 투어 프로그램을 운영하는 여행사 가판대들이 늘어서 있는데 파노라마 투어, 선셋 투어, 돌고래 와칭 투어처럼 로빈 앞바다를 둘러보는 투어가 인기 있다. 이 가운데 추천하는 것은 파노라마 투어. 로빈 앞바다의 크고 작은 섬을 배 위에서 둘러보는 코스로 소요시간이 길지 않고 바다에서 로빈 구시가를 바라볼 수 있어 색다르다. 선셋 투어는 해 질 녘부터 운영하며, 매일 해가 지는 시간에 맞춰 출발시간이 달라진다. 원거리 투어로는 베네치아 당일치기 투어, 이스트라반도 서쪽 해협을 둘러보는 림 피오르드(Lim Fjord) 투어 등이 있다.

🕐 투어에 따라 상이 📅 비수기 💰 1시간 30분 소요 투어 €20~55/코스, 소요시간에 따라 상이

Journey 02

천사의 머릿결을 가진 마을
라스토케

라스토케는 자그레브에서 플리트비체로 가는 길목, 코라나강(Korana River)과 슬룬치차강(Slunjčica River)이 만나는 지점에 위치한 작은 마을이다. 슬룬치차강은 라스토케에서 여러 갈래로 갈라져 크고 작은 폭포를 만들며 코라나강과 합쳐진다. 플리트비체와 마찬가지로 석회암이 빗물이나 지하수에 용식되어 형성된 카르스트 지형이며, 짙은 에메랄드빛 물색 역시 비슷하다. 플리트비체의 주인공이 자연이라면, 라스토케에선 자연과 인간 모두 주인공이다. 그 두 주인공이 평화롭게 공존하는 모습이 라스토케의 가장 큰 매력이다.

Rastoke

 Access

라스토케로 이동하기

라스토케는 플리트비체와 마찬가지로 장거리 버스와 렌터카로만 오갈 수 있다. 렌터카 여행자는 부지런히 움직인다면 하루에 라스토케와 플리트비체를 모두 둘러볼 수 있다. 장거리 버스는 운행 횟수가 적어 버스 이용 시 1박 이상 머물러야 두 곳 모두 제대로 돌아볼 수 있다.

라스토케는 어디에 있을까

라스토케는 자그레브에서 남쪽으로 약 105㎞, 플리트비체 호수 국립공원 입구 1에서 북쪽으로 약 28㎞ 떨어져 있다. 장거리 버스를 이용한다면 자그레브에서 플리트비체로 가는 도중에 들르기 딱 좋다. 물론 반대 경로로 이동할 때도 마찬가지다.

 장거리 버스

- 라스토케 마을에서 가장 가까운 버스 정류장은 슬룬(Slunj) 마을에 있다. 따라서 라스토케로 가는 버스표를 살 때는 행선지를 슬룬으로 지정해야 한다.
- 슬룬 버스 정류장은 규모가 작은 마을 정류장으로, 정류장에서 라스토케 마을까지는 걸어서 15분 정도 걸린다. 자그레브에서 출발했다면 버스로 왔던 길을 조금 되짚어 가면 마을 입구가 나온다.
- 마을에서 가장 번화한 곳은 버스 정류장 근처로 여행 안내소, 슈퍼마켓, 음식점 등이 몇 개 있다.

Tips.
슬룬-라스토케 여행 안내소
Slunj Tourist Board
- Ul. Braće Radić 7
- 07:00~15:00
- 토~일요일, 12~3월
- slunj-rastoke.hr
- slunj_rastoke

자그레브→슬룬
- 하루 5~14회
- 1시간 30분~2시간
- €11~13

슬룬→플리트비체 호수 국립공원
- 하루 5~10회
- 30~40분
- €5~5.5

라스토케를 여유롭게 즐기는 방법

Pick 01

고요히 즐기는 아침 산책
라스토케는 한 바퀴 둘러보는 데 2시간이 채 걸리지 않을 정도로 작은 마을이다. 시간 여유가 있다면 하룻밤 자고 다음 날 아침 일찍 조용한 마을을 산책해보는 것을 추천한다.

Pick 02

물레방아의 흔적을 찾아서
현재 마을의 주요 산업은 관광업으로 대다수의 집이 숙박업에 종사한다. 하지만 한때 이곳엔 20개가 넘는 물레방아가 있었고 수십 개의 폭포엔 방앗간 주인의 이름이 붙었다. 폭포 사이를 거닐며 19~20세기에 만든 물레방아의 흔적을 찾아보자.

(Pick 03)

자연과 인간의 공존

크고 작은 절벽을 따라 수십 갈래로 떨어져 내리는 물줄기를 보고 있자면 라스토케의 별칭인 '천사의 머릿결'을 실감하게 된다. 마을 사람들은 폭포와 폭포 사이에 나무다리를 연결하거나 폭포 위 지반에 바로 목조 가옥을 지었고, 가능한 한 자연의 모습을 그대로 둔 채 인간의 삶을 더했다.

(Pick 04)

타자의 삶을 존중하는 여행

여행자에게는 구경거리지만 누군가에게는 생활의 터전이다. 사유지 표시가 되어 있는 곳에는 절대 들어가면 안 된다. 비수기엔 썰렁한 편이라 방문을 추천하지 않는다.

라벤더 흐드러진 푸르른 섬
호바르섬

크로아티아의 1000개가 넘는 섬 가운데 단 한 곳만 가야 한다면 단연 호바르섬이다. 일조량이 풍부한 호바르섬은 포도와 올리브 농사에 적합하고, 섬 곳곳에 라벤더와 로즈메리가 흐드러지게 핀 축복받은 땅이다. 섬의 중심은 호바르 타운이다. 이곳엔 섬의 역사를 보여주는 옛 건축물이 즐비하고 해수욕을 즐길 수 있는 해변도 많다. 특히 여름철에는 전 세계 여행자가 방문해 밤낮없이 흥이 넘쳐난다. 크로아티아에서 가장 인기 있는 휴양지답게 푸른 동굴 투어처럼 주변의 섬을 둘러보는 투어도 다양하다.

Hvar

Access 01

흐바르섬으로 이동하기

스플리트 앞바다에 떠 있는 흐바르섬으로 가는 유일한 교통수단은 선박. 스플리트, 두브로브니크에 머문다면 배로 흐바르섬을 방문할 수 있다. 주변 섬인 브라치섬(Brač), 비스섬(Vis)과 흐바르섬을 오가는 정기편도 있다.

선박 회사

해상 교통수단인 배는 계절과 날씨의 영향을 많이 받는다. 흐바르섬을 오가는 배편은 계절에 따른 시간표 변동이 잦고, 운항 일정 자체가 매년 변경되기 때문에 일정을 짜기 전에 선박 회사 홈페이지에서 시간표를 꼭 확인하자. 보통 야드롤리니야, 크릴로, 티피 라인 3개의 선박 회사를 많이 이용한다.

- 야드롤리니야 jadrolinija.hr/en/home
- 크릴로 krilo.hr/en
- 티피 라인 tp-line.hr/en

선박: 스플리트-흐바르 타운
- 5월 말부터 10월 중순까지 두 곳을 바로 잇는 쾌속선이 운항한다.
- 성수기인 7월부터 9월 중순까지는 하루에 10회 이상 왕복하기 때문에 당일치기를 할 수 있다.
- 성수기에는 선박 회사의 홈페이지에서 미리 예약하는 걸 추천한다. 비성수기에는 탑승 전날 스플리트 항구에 위치한 매표소에서 왕복 시간을 확인한 후 티켓을 구매해도 된다.
- 스플리트에서 출발할 땐 각 선박 회사의 출항 위치가 다르므로 미리 확인해두자.

50분~1시간 20분 €20~25, 캐리어 등 부피가 큰 짐 추가 €5~

선박: 스플리트-스타리 그라드
- 흐바르 타운으로 가는 배편이 운항하지 않는 시기에는 흐바르 타운에서 동쪽으로 약 17㎞ 떨어진 마을 스타리 그라드(Stari grad)로 가는 배를 타면 된다.
- 스플리트와 스타리 그라드 사이를 오가는 배가 1년 내내 운휴 없이 운항한다. 관광버스까지 실을 수 있는 대형 선박이라 쾌속선보다 흔들림이 적다. 성수기에는 쾌속선도 다닌다.

대형 페리 하루 4~8회 대형 페리 2시간, 쾌속선 1시간 대형 페리 €5.9~8.4, 쾌속선 €9.7

Access 02

흐바르섬 시내 교통

흐바르섬의 스타리 그라드에서 흐바르 타운까지 시내버스나 택시를 타고 이동할 수 있다. 렌터카를 이용한다면 페리를 타고 스타리 그라드 항구로 가서 차량을 타고 흐바르 타운까지 이동한다. 흐바르 타운의 명소는 모두 걸어서 둘러볼 수 있다.

시내버스
- 스타리 그라드 버스 정류장은 항구 바로 앞에 있다. 탑승 후엔 흐바르 정류장에서 하차하면 된다.
- 버스 시간표는 계절마다 달라지며, 흐바르 타운 여행 안내소나 여행 안내소의 홈페이지 'Visit Hvar-How to reach Hvar' 탭, 'How to reach Hvar'에서 확인할 수 있다.
- 요금은 탑승할 때 기사에게 지불한다.

⏱ 30~40분 💰 €5

택시
- 택시 회사 정보는 시내버스와 동일하게 흐바르 타운 여행 안내소 홈페이지에서 확인할 수 있다.
- 흐바르섬에서는 우버를 이용할 수 없기 때문에 택시 정류장에 대기 중인 택시가 없다면 택시 회사에 전화해서 차량을 요청해야 한다.

⏱ 15~20분 💰 €25~40

흐바르 타운 교통
흐바르 타운 마을 중심부로는 버스, 택시, 렌터카를 비롯한 모든 차량이 들어가지 못한다. 버스 정류장과 택시 정류장, 렌터카 사무소, 주차장은 성 스테판 성당(Katedrala Sv. Stjepana) 왼쪽 골목으로 가면 나온다. 구글 지도에서 'Hvar City center parking'을 검색하면 된다. 가는 길목에 노천 시장(Hvar green market)이 있다.

Tips. 흐바르 타운 여행 안내소
Hvar Tourist Board
📍 Trg Sv. Stjepana 42 🕐 월~토요일 08:30~21:00, 일요일 09:00~15:00, 16:00~20:00, 비수기 단축 운영
❌ 부정기 ✈ visithvar.hr
📷 visithvarhr G TZ Hvar

Tips. 라벤더 기념품 쇼핑은 흐바르섬에서
흐바르섬은 크로아티아의 최대 라벤더 산지다. 한때는 전 세계 라벤더 생산량의 약 8%를 차지했다고 한다. 산불 등으로 라벤더 밭의 면적이 줄었지만 여전히 매년 6월이면 섬 동쪽 일대가 보랏빛 꽃으로 뒤덮이고 라벤더 축제가 열린다. 성수기 흐바르 타운의 성 스테판 광장 근처에는 비누, 오일 등 다양한 라벤더 제품을 파는 가판대가 들어선다. 정식 허가를 받은 업체이며 제품 관리도 철저하다. 물가가 비싼 흐바르섬이지만 원산지인 만큼 라벤더 제품은 저렴한 편이다.

흐바르섬 여행의 시작

Spot 01 **아스날** Arsenal&The Historic Theatre(Arsenal i povijesno kazalište)

흐바르섬 페리 선착장에서 내려 야자수를 심어놓은 흐바르 리바 거리를 3분 정도 걸으면 오른편에 보이는 건물이다. 14세기 초에 지어 조선소로 쓰였던 아스날은 오스만 제국의 공격으로 전소되었다가 1611년 재건했으며, 그 후에도 배를 수리하고 보관하는 공간으로 사용되었다. 아스날 2층에는 옛 극장, 전시장, 테라스가 있다. 극장은 유럽 최초의 공공 극장이다. 내부가 생각보다 휑해서 외관만 보는 게 더 낫다는 평이 대부분이다. 1층에 여행 안내소가 있다.

📍 Kroz Burak 2 🕙 10:00~18:00, 비수기 단축 운영 ❌ 비수기 💶 €10 G Arsenal&Theater hvar

아스날에서 도보 1분

Spot 02 **성 스테판 광장**

St. Stephen's square(Trg. Sv. Stjepana)

흐바르 타운의 중심인 성 스테판 광장은 한때 달마티아 지역에서 가장 큰 광장이었다. 직사각형 모양인 광장의 서쪽은 바다와 항구를 향해 열려 있고 동쪽엔 성 스테판 대성당이 자리한다. 성 스테판 대성당은 달마티아 지역의 르네상스가 절정기에 이르렀던 16~18세기에 지었다. 현재 성당은 미사나 행사 때만 개방한다.

아스날 맞은편에 위치한 가게들 사이사이 골목으로 들어가면 요새로 통하는 계단이 나온다. 경사가 급한 편이지만 예술 작품, 화분 등으로 꾸며놓아 계단 자체만으로도 구경하는 재미가 있다.

📍 Trg Sv. Stjepana G Hvarska katedrala

성 스테판 광장에서 **도보 20~30분**

Spot 03 요새 City Fortress(Gradska tvrdava)

1278년 베네치아에 의해 만들어지기 시작해 16세기 중반에 완공되었다. 요새는 1571년, 오스만 제국의 침략과 약탈로부터 주민들을 지켜내며 그 역할을 톡톡히 해냈다. 하지만 1579년 탄약고에 번개가 떨어지며 폭발이 일어나 요새뿐만 아니라 요새 아랫마을도 큰 피해를 입었다. 마을의 건물은 대부분 이 폭발 이후에 다시 세워졌다. 제2차 세계 대전이 끝난 후 흐바르섬의 전략적 중요성은 사라졌고 요새도 쓸모없어졌지만, 주민들이 꾸준히 관리한 덕분에 지금은 흐바르 타운 최고의 전망대가 되었다. 요새 내부엔 카페와 기념품점이 있다.

Tips. 요새에서 즐기는 전망
날이 좋으면 흐바르 타운과 앞바다에 점점이 떠 있는 크고 작은 섬들, 푸른 동굴로 유명한 남서쪽의 비스섬까지 보인다. 요새 위에서 내려다보는 풍경이 제일 시원하지만 입장이 여의치 않다면 '흐바르 무료 전망대'(구글 지도에서 'Free Hvar viewpoint'로 검색)까지 올라가보는 걸 추천한다.

📍 Ul. Biskupa Jurja Dubokovica 80 🚶 성 스테판 광장에서 계단을 이용해 요새에 오르거나 버스 정류장 뒤쪽의 오르막길로 가다 중간부터 계단을 이용한다. 도보 20~30분 🕘 09:00~21:00, 비수기 단축 운영 ✖ 11~3월 부정기 💶 성인 €10, 7~18세 €5 G Spanjola Fortress Hvar

흐바르섬에서 해수욕 즐기기

마을의 중심인 성 스테판 광장에서 멀지 않은 곳에 해수욕을 즐길 수 있는 해변이 여러 군데 있다. 가장 가까운 곳은 항구에서 프란체스코회 수도원(Franciscan Monastery) 가는 길에 위치한 루치차 해변(Beach Lučica), 가장 유명한 곳은 성 스테판 광장 서쪽에 있는 보니 해변(Bonj Beach)과 훌라 훌라 해변(Beach Hula Hula)이다.

루치차 해변은 규모가 매우 작지만 한적한 편이고 선 베드 이외의 편의 시설은 없다. 암포라 리조트(Amfora Hvar Grand Beach Resort) 앞에 있는 보니 해변은 수심이 얕은 편이라 아이와 함께 가기 좋다. 또한 탈의실, 화장실, 샤워장도 갖췄는데, 샤워장이 개방되어 있어 수영복을 입은 상태에서 물로만 씻을 수 있다. 보니 해변의 서쪽에 있는 훌라 훌라 해변에도 탈의실과 샤워장이 있다.

Tips. 해수욕을 즐기는 팁
흐바르의 해변은 자갈로 되어 있어 아쿠아 슈즈를 준비해가면 좋다. 물놀이 용품은 성 스테판 광장 주변 가게에서 판매한다. 참고로 해수욕장을 벗어나 구시가 중심에서 수영복만 입고 다니면 최대 €600의 벌금이 부과된다.

달마티아의 작은 보석
트로기르

성벽으로 둘러싸인 트로기르 구시가는 크로아티아 본토와 치오보섬(Otok Ciovo) 사이에 떠 있는 작은 섬이다. 도시의 시작은 기원전 3세기에 고대 그리스인이 만든 식민 도시 트라구리움(Tragurium)으로 거슬러 올라간다. 이 지역의 다른 도시와 비슷하게 트로기르도 베네치아 공화국 등 시대에 따라 주인이 바뀌었다. 덕분에 좁은 구시가엔 다양한 양식의 건축물이 옹골차게 들어서 있다. 2300여 년의 세월을 담은 트로기르 구시가는 1997년 유네스코 세계 문화유산으로 등재되었다.

Trogir

Access

트로기르로 이동하기

트로기르는 스플리트에서 서쪽으로 약 20km 떨어져 있어 장거리 버스로 이동하는 것이 가장 일반적이다.

트로기르 여행법
· 가장 인기 있는 코스는 스플리트에 머물며 당일치기 여행으로 트로기르에 다녀오는 것이다.
· 명소가 모여 있는 구시가는 금세 둘러볼 수 있어 해가 긴 여름철이라면 자다르와 스플리트 사이를 오가는 도중에 잠깐 들러 구경한 후 다음 도시로 이동할 수 있다.
· 트로기르와 해수욕을 즐기기 좋은 작은 마을 프리모슈텐을 묶어 하루 일정을 계획할 수도 있다.

장거리 버스
· 스플리트에서 트로기르로 가는 장거리 버스는 계절에 관계없이 상당히 자주 다닌다.
· 스플리트에서 장거리 버스를 타면 대부분 트로기르를 거쳐 시베니크, 자다르까지 간다. 중간중간 작은 정류장에 서는 경우도 있으니 하차할 때 헷갈리지 않도록 주의하자.
· 트로기르와 프리모슈텐은 내리고 타는 사람이 많은 정류장이다. 정차 전에 기사가 목적지의 이름을 말하고 내릴 사람이 있는지 확인한다.
· 트로기르 버스 터미널 매표소에서 스플리트행 버스표를 구매하면 일반적으로 시내버스표를 준다. 장거리 버스를 이용하고 싶다면 온라인으로 미리 예약하는 걸 추천한다.

스플리트→트로기르
🚌 하루 15~30대
⏱ 30~45분
💶 €2.9~8

스플리트 시내버스
37번 시내버스가 '스플리트-스플리트 공항-트로기르' 사이를 오간다. 하지만 장거리 버스와 비교하면 굉장히 돌아가고, 이용자가 많은 시간대에는 편도 2시간 가까이 걸리기 때문에 추천하지 않는다.

스플리트→트로기르
🚌 1시간에 1~3대/04:00~00:15 (토요일 04:15~, 일요일 04:30~)
⏱ 1시간 30분~2시간
💶 €2.5

Tips. 트로기르 버스 터미널 이용하기
트로기르 버스 터미널(Autobusni kolodvor Trogir)은 구시가에서 걸어서 3분 정도 걸린다. 내부에 매표소, 안내 센터, 화장실, 유인 짐 보관소, ATM이 있다. 터미널 입구 맞은편 길 건너에 노천시장(Trogirska tržnica)이 있고 회전 교차로 건너편에는 슈퍼마켓 콘줌이 있다.
📍 Dr Franje Tudmana 2

Tips. 트로기르 여행 안내소
Trogir Tourist Office
📍 Trg Ivana Pavla II/1
🕐 08:00~18:00(토요일 ~14:00), 비수기 단축 운영
❌ 일요일, 비수기 주말
✈ visittrogir.hr
📷 visittrogir

트로기르 여행의 시작

Spot 01 북문 North city gate(Sjeverna gradska vrata)

버스 터미널을 나서면 길 건너 맞은편 노천 시장 왼편으로 석조 다리가 보인다. 다리 옆에는 유네스코 로고와 함께 '그라드 트로기르(Grad Trogir)'라고 쓰인 갈색 안내판이 있다. 다리를 건너면 트로기르 구시가의 입구인 북문이 나온다.

📍 Ul. Gradska vrata

북문에서 도보 2분

Spot 02 이바나 파블라 2세 광장 Ivana Pavla II Square(Trg. Ivana Pavla II)

성 로브로 대성당(Katedrala Sv. Lovre), 시청사, 2개의 성당과 시계탑이 딸린 회랑으로 둘러싸인 이바나 파블라 2세 광장은 구시가에서 가장 많은 사람이 오가는 '만남의 광장'이다. 회랑 한쪽 벽에는 트로기르 출신 총독이자 주교인 페타르 베리슬라비치(Petar Berislavić)를 묘사한 이반 메슈트로비치의 부조가 있다.

📍 Trg Ivana Pavla II G gradska uprava trogir 또는 city loggia trogir

이바나 파블라 2세 광장에서 **도보 1분**

Spot 03 **성 로브로 대성당** St. Lawrence's Cathedral(Katedrala Sv. Lovre)

성 로브로 대성당은 1213년부터 종탑이 완성된 17세기까지 수세기에 걸쳐 지었다. 성당 입구의 조각은 13세기 달마티아 출신 조각 거장 라도반(Majstor Radovan)의 작품. 문 위쪽 아치 부분은 예수의 생애를 나타내고, 측면에 12궁도, 성인, 아담과 이브, 산마르코의 사자 등이 조각되어 있다. 아담과 이브는 달마티아 지역에서 최초로 나체를 표현한 작품으로 의미가 남다르다. 내부는 고딕 양식이며 천장에 아래를 내려다보는 성인의 모습이 조각된 세례당이 독특하다.

> **Tips. 성 로브로 대성당 종탑의 비밀**
> 완공까지 400여 년의 세월을 짊어진 성 로브로 대성당은 트로기르의 역사 그 자체라고 해도 좋다. 수세기를 거치며 성당에 더해진 다양한 건축 양식이 이를 증명한다.
> 성당의 종탑은 층마다 건축 양식이 다르다. 1층은 수직적 요소를 강조한 고딕 양식, 2층은 화려한 베네치아 스타일이 더해진 고딕 양식, 3층은 우아한 르네상스 양식이다. 안전장치가 부실하니 오르내릴 때 주의하자. 종탑에서는 구시가와 치오보섬이 한눈에 들어온다.

📍 Trg Ivana Pavla II 🕐 월~토요일 08:00~18:00, 일요일 12:00~18:00
❌ 부정기 💰 성당 €6, 종탑 €5, 성당+종탑+세례당(레드 티켓) €10
🔍 성 로렌스 성당 트로기르

성 로브로 대성당에서 도보 2분
Spot 04 **리바 거리** Trogirska riva

스플리트의 리바 거리를 빼닮은 이 거리의 원래 이름은 '총독 베리슬라비차 바닷가 산책로(obala bana Berislavića)'지만 '트로기르 리바'로 통용되곤 한다. 거리의 서쪽 끝에는 카메를랭고 요새가 있고, 동쪽 끝은 다리를 통해 치오보섬과 이어진다.

G trogir promenade

리바 거리에서 도보 5분
Spot 05 **카메를랭고 요새** Fortress Kamerlengo(Kaštel Kamerlengo)

구시가 남서쪽 끝에 자리한 요새로 트로기르가 베네치아 공화국에 정복된 직후인 1420년에 공사를 시작해 1437년에 완공했다. 그 당시 트로기르는 이미 1000년이 넘는 역사를 자랑하는 도시였으며 오랜 자치 경험을 가진 주민들은 자부심이 대단했다. 카메를랭고 요새는 외적이 아닌 트로기르 원주민의 반란에 대비해 세웠다. 현재 내부는 황량하게 비었지만 탑에서 보는 풍경만은 일품이다. 여름밤에는 요새 내부에서 다양한 공연이 열려 색다른 분위기를 연출한다. 운영시간은 일정하지 않다.

📍 Obala bana Berislavića 🕘 09:00~22:00, 비수기 단축 운영 ❌ 부정기 💶 €5 G 카메를랭고성

Plus Spot

프리모슈텐 Primošten
해수욕하기 좋은 작은 마을

프리모슈텐(Primošten)이란 지명은 '다리로 이어진(bridged over)'을 뜻하는 크로아티아어 '프리모스티티(Primostiti)'에서 유래했다. 프리모슈텐 구시가는 원래 섬이었다. 주민들은 섬을 성벽으로 둘러싸고 도개교를 놓아 위험한 순간이면 다리를 올려 외적의 공격에 대비했다. 평화가 찾아오고 바다가 메워지면서 프리모슈텐 구시가는 바다로 불쑥 튀어나온 모양새가 되었다.

구시가는 워낙 좁아 발길 닿는 대로 다녀도 1시간이면 다 볼 수 있다. 프리모슈텐의 해수욕장은 크로아티아에서도 물 맑고 아름답기로 손꼽힌다.

장거리 버스
- 스플리트에서 이른 아침부터 서두르면 트로기르와 프리모슈텐을 묶어서 당일치기로 둘러볼 수 있다. 스플리트에서 자다르 또는 시베니크로 가는 대부분의 버스가 프리모슈텐에 정차한다.
- 프리모슈텐은 작은 마을이라 터미널은 따로 없고 마을 입구에 있는 정류장에 모든 버스가 정차한다.
- 정류장에는 트로기르·스플리트 방향 버스 시간표와 시베니크·자다르 방향 버스 시간표가 붙어 있다. 양방향 모두 배차 간격은 1시간에 1대 정도이며 여름엔 증편된다.
- 일부 버스는 온라인으로 예약할 수 있고, 예약하지 못했다면 버스에 탄 뒤 직접 요금을 내면 된다.

스플리트→프리모슈텐
🚌 하루 5~11회
⏳ 1시간
🏷 €7~10

트로기르→프리모슈텐
🚌 하루 5~11회
⏳ 30분
🏷 €5~6

버스 정류장에서 구시가까지
- 정류장에서 원형 분수 쪽으로 길을 건너면 해변으로 내려가는 계단이 나온다. 해변에서 프리모슈텐 구시가까지 바다를 끼고 걸어갈 수 있다.
- 정류장 뒤쪽으로 난 2차선 도로를 따라 걸어가면 갈림길과 안내판이 나온다. 그중 '첸타르(Centar)' 방향으로 가면 해변을 통하지 않고 바로 구시가로 갈 수 있다. 도보 5분.

Journey 05

크로아티아인이 세운 유일한 도시 시베니크

시베니크는 크로아티아인의 긍지를 느낄 수 있는 도시다. 달마티아 지역의 다른 도시들이 그리스, 로마 등 이민족이 세운 국가나 도시에 기원을 두고 있는 반면, 시베니크는 유일하게 크로아티아 사람이 세운 도시이기 때문이다. 파란 바다와 잘 어울리는 새하얀 성 야고보 대성당과 중세와 르네상스 어디쯤에서 시간이 멈춘 것 같은 골목, 평온하지만 지루하지 않은 구시가가 기품 있다.

시베니크로 이동하기

시베니크는 해가 긴 계절엔 부지런을 떨면 스플리트나 자다르에서 당일치기로 다녀올 수 있다. 자다르에서 스플리트로 갈 때 또는 반대 경로로 이동할 때 경유해 둘러보는 것도 가능하다.

시베니크는 어디에 있을까
스플리트에서 북쪽으로, 자다르에서 남쪽으로 각각 약 75km 떨어져 있다. 크로아티아의 아드리아해 해안선 전체를 보면 자다르가 중간쯤에 위치하지만, 달마티아 지역만 놓고 보면 시베니크가 정확히 중간 지점에 위치하며 장거리 버스로 오가는 게 가장 편리하다.

장거리 버스
- 시베니크는 자다르와 스플리트의 중간에 위치하기 때문에 두 도시 사이를 오가는 대부분의 버스가 시베니크에 정차한다.
- 자다르-시베니크, 스플리트-시베니크 노선은 현지인, 여행자 모두 많이 이용하기 때문에 6~8월에는 늦어도 탑승 전날에는 예약을 하는 게 좋다.

스플리트 → 시베니크
🚌 하루 15~25회
⏱ 1시간 30분~2시간
💶 €9~12

자다르 → 시베니크
🚌 하루 15~20회
⏱ 1시간 10분~1시간 30분
💶 €8~13

Tips. 시베니크 버스 터미널 이용하기
시베니크 버스 터미널(Autobusni kolodvor Šibenik)은 볼거리가 모여 있는 구시가의 남동쪽에 있다. 매표소는 내부에, 안내 센터는 승하차장이 있는 외부에 있다. 터미널 안에 카페, 유인 짐 보관소, 빨래방, ATM이 있으며 승하차장 길 건너편에는 잡화점인 데엠이 있다. 터미널 바로 앞 바닷가 산책로가 구시가까지 이어진다.
📍 Draga 14

버스 터미널에서 성 야고보 대성당까지
터미널 건물에서 승하차장 쪽이 아닌 반대쪽 문으로 나가면 바로 바다가 나온다. 바다를 바라보고 서서 오른쪽으로 방향을 잡아 길 따라 쭉 걸어가자. 유람선, 요트 등이 떠 있는 바다를 끼고 걷다 보면 오른쪽에 성 야고보 대성당의 푸른 돔이 보인다. 버스 터미널에서 성당까지 도보 10분.

Tips. 시베니크 여행 안내소
Šibenik Tourist Information Centre
📍 Obala palih omladinaca 3
🕐 08:00~20:00(주말 ~14:00), 비수기 단축 운영
❌ 부정기
🔗 visitsibenik.hr
📷 lovesibenik

시베니크 여행의 시작

Spot 01 성 야고보 대성당 Cathedral of St. James(Katedrala Sv. Jakova)

크로아티아의 수많은 성당 중 단연 아름다운 곳으로 꼽히는 시베니크의 상징이다. 1431년에 고딕 양식으로 짓기 시작했는데 1441년에 자다르 출신 조각가 유라이 달마티나츠(Juraj Dalmatinac)가 총책임자로 임명되며 르네상스 양식으로 전면 수정되었다. 그는 30여 년 동안 성당 건축에 매달렸으나 완공을 보지 못하고 세상을 떠났다. 성당은 1536년에 완공되었고 그의 모습은 성당 앞 광장에 동상으로 남았다.

성당 내부로 들어갔다면 제단 오른쪽 계단을 따라 세례당으로 내려가자. 돔 모양 천장과 벽면의 조각은 레이스처럼 섬세하고 천장의 천사들이 지상을 내려다보고 있는 구도 역시 인상적이다. 성 야고보 대성당은 2000년에 유네스코 세계 문화유산으로 등재되었다.

Tips. 시베니크 주민들을 기억하는 법

성당 정면을 바라보고 서서 왼쪽으로 돌아가면 '사자의 문'이 있고 벽면에 71개의 얼굴 조각이 있다. 연령도 생김새도 다른 조각들은 15세기 시베니크에 살았던 시민들의 얼굴이라고 한다.

📍 Trg Republike Hrvatske 1 🕐 09:30~19:30, 비수기 단축 운영 ❌ 부정기 💶 €7
🗺 쉬베닉 성 야고보 대성당

성 야고보 대성당에서 **도보 20분**

Spot 02 **바로네 요새** Barone Fortress(Tvrđava Barone)

1646년 건설된 바로네 요새는 성 미호빌라 요새(Tvrđava Sv. Mihovila), 성 이바나 요새(Tvrđava Sv. Ivana), 성 니콜라스 요새(Tvrđava Sv. Nikole)와 함께 시베니크 방어 체계의 한 축을 담당했다. 역사가 오래된 성 미호빌라 요새를 제외한 나머지 3개의 요새는 오스만 제국의 공격에서 도시를 지켜내기 위해 만들었으며 그 목적을 훌륭히 달성했다. 오스만 제국의 위협이 사라진 후 오랜 시간 방치되었던 바로네 요새와 그 일대를 시에서 사들여 정비했고, 지금은 시베니크 최고의 전망대가 되었다. 바로네 요새에서는 성 미호빌라 요새까지 한눈에 들어오는 탁 트인 풍경을 볼 수 있다. 내부에 카페도 있어 힘들게 언덕을 오른 후 한숨 돌리기에 좋다.

📍 Put Vuka Mandušića 28 🕐 3·10월 10:00~18:00, 4~5·9월 09:00~20:00, 6~8월 09:00~21:00, 11~2월 10:00~16:00 ✖ 부정기 💶 3~10월 바로네 요새+성 이바나 요새 €11.5, 11~2월 무료, 성 미호빌라 요새+성 이바나 요새+바로네 요새 통합권 €13 🔗 tvrdjava-kulture.hr/en/barone-fortress/plan-your-visit

바로네 요새에서 **도보 15분**

Spot 03 **성 미호빌라 요새** St. Michael's Fortress(Tvrdava Sv. Mihovila)

시베니크에 남아 있는 요새 중 가장 오래되고 가장 유명한 요새다. 시베니크가 아드리아해 동쪽 연안에서 크로아티아인이 세운 가장 오래된 도시임을 떠올리면 요새 내부에서 선사 시대의 흔적이 발견된 것도 놀랄 일은 아니다. 1412년 시베니크는 베네치아에 함락되었고 성의 주인은 여러 번 바뀌었다. 17세기에 화약고가 폭발하는 등 여러 번 파괴되고 훼손된 요새는 19세기에 오스트리아에 의해 재건됐고, 그 후에도 몇 번의 복원 공사를 거쳐 2014년 공개되었다. 요새 남북으로 입구가 있는데, 성수기에는 구시가 방향 남쪽 입구가 상당히 붐빈다.

📍 Zagrađe 21 🕐 3·10월 10:00~18:00, 4~5·9월 09:00~20:00, 6~8월 09:00~22:00, 11~2월 10:00~16:00 ❌ 부정기 💶 3~10월 €10, 11~2월 €11.5, 성 미호빌라 요새+성 이바나 요새+바로네 요새 통합권 €13 🌐 tvrdjava-kulture.hr/en/st-michaels-fortress/plan-your-visit

Tips. 성 미호빌라 요새를 가장 아름답게 즐기는 법
요새에 올라가면 적갈색 지붕 사이로 솟아오른 성 야고보 대성당의 돔과 파란 아드리아해가 완벽한 조화를 이루는 '그림 같은' 풍경을 볼 수 있다. 해 질 녘 풍경도 아름답다. 요새 꼭대기에는 1000명이 넘는 인원을 수용할 수 있는 야외극장이 있고 여름엔 다양한 공연이 열린다.

성 미호빌라 요새에서 **도보 17분**

`Spot 04` **성 이바나 요새** St. John's Fortress(Tvrđava Sv. Ivana)

1646년 지은 성 이바나 요새는 오랜 시간 방치되었다가, 2016년 시작된 시베니크의 요새 재건 프로젝트의 일환으로 보수 공사를 마치고 2022년 대중에 개방되었다. 요새에서 내려다보이는 풍경은 바로네 요새와 비슷하지만 올라가는 길이 불편하다.

📍 Put Tanaje 29　🕐 3·10월 10:00~18:00, 4~5·9월 09:00~20:00, 6~8월 09:00~21:00, 11~2월 10:00~16:00
❌ 부정기　💰 3~10월 바로네 요새+성 이바나 요새 €11.5, 11~2월 무료, 성 미호빌라 요새+성 이바나 요새+바로네 요새 통합권 €13　🔗 tvrdjava-kulture.hr/en/st-johns-fortress/plan-your-visit

> **Tips. 시베니크의 또 하나의 유네스코 세계 문화유산**
>
> 성 니콜라스 요새(Tvrđava Sv. Nikole)는 아드리아해에서 시베니크로 들어가기 위해 반드시 거쳐야 하는 해상 요새로, 아드리아해 동쪽 연안에서 가장 중요한 방어 시설이었다. 요새는 르네상스 양식으로 지었으며 하늘에서 내려다보면 바다 위에 삼각형 섬이 떠 있는 듯한 모습이다. 2017년 유네스코 세계 문화유산으로 등재되었다. 요새를 방문하려면 공식 홈페이지를 통해 미리 가이드 투어 예약을 해야 한다. 가이드 투어에는 보트 왕복 요금이 포함되어 있다. 가이드 투어는 약 2시간 소요된다.
>
> 🔗 kanal-svetog-ante.com

Journey 06

한여름에도 여유로운
바다 마을
차브타트

차브타트의 기원은 기원전 6세기에 그리스인이 건설한 식민도시 에피다우로스(Epidaurus)다. 로마 제국의 지배를 거쳐 7세기에 아바스족이 침입하면서 에피다우로스는 파괴되었고, 주민들은 지금의 두브로브니크 구시가로 도망쳤다. 그 이후 차브타트는 두브로브니크를 중심으로 하는 라구사 공화국의 일부로 발전을 이룬다.
차브타트는 유명한 볼거리는 없지만 성수기인 한여름에도 한적해 여유로움을 즐기기 좋은 마을이다. 소나무 숲으로 둘러싸인 청정한 해변, 단정한 건물과 야자수가 즐비한 산책로가 만들어내는 풍경이 그저 평화롭기만 하다.

Cavtat

차브타트로 이동하기

두브로브니크에서 남쪽으로 20km 정도 떨어진 차브타트는 두브로브니크에서 당일치기로 다녀오기 딱 좋다. 두브로브니크에서는 시내버스와 배를 타고 이동할 수 있으며, 두브로브니크 국제공항에서는 차로 10~15분이면 도착한다.

두브로브니크 시내버스
- 차브타트는 두브로브니크 10번 시내버스의 종점이다. 10번 버스는 두브로브니크 버스 터미널에서 출발해 케이블카 승강장 앞 정류장을 거쳐 차브타트까지 간다.
- 두브로브니크에서 출발하는 버스는 오전 5시 첫차를 시작으로 1시간에 한두 대 정도 다닌다.
- 차브타트에서 두브로브니크로 출발하는 버스의 막차는 계절에 따라 달라진다. 보통 비수기엔 밤 11시, 성수기엔 자정 넘어서까지 운행한다. 시내버스 홈페이지에서 운행시간을 확인하자.
- 두브로브니크에서 차브타트로 갈 때는 버스 진행 방향 오른쪽, 차브타트에서 두브로브니크로 갈 때는 왼쪽에 앉아야 바다 풍경을 감상할 수 있다.

🚌 30~50분
💰 €4
📍 10번 버스 운행 시간표 libertasdubrovnik.hr/en/line/2/dubrovnik-cavtat-10

Tips. 차브타트 여행 안내소
Cavtat-Dubrovnik Tourist Board
📍 Zidine 6
🕐 08:00~20:00(수요일 ~18:00, 일요일 ~14:00), 비수기 단축 운영
❌ 비수기 주말
🌐 visit.cavtat-konavle.com
📷 cavtat_konavle_tourist_board

선박(보트)
- 성수기엔 배를 타고 두브로브니크와 차브타트 사이를 오갈 수 있다. 시내버스보다 요금은 비싸지만 숙소가 두브로브니크 구시가에 있다면 옛 항구p.216에서 타고 내릴 수 있는 보트가 훨씬 편리하다. 배가 작아서 뱃멀미가 심하다면 추천하지 않는다.
- 두브로브니크 옛 항구에 차브타트행 보트를 운영하는 여행사의 가판대가 있다. 왕복 티켓을 구매했다면 돌아올 때 같은 회사의 보트를 타야 한다. 여행사마다 운행 시간표와 요금이 다르니 꼼꼼히 비교해보자.

🕐 약 50분
💰 편도 €15~, 왕복 €20~

차브타트를 여유롭게 즐기는 방법

Pick 01
아름다운 소도시 여행의 묘미
차브타트는 굉장히 작은 마을이라 한 바퀴 돌아보는 데 1시간도 채 걸리지 않는다. 빡빡한 여행 중 잠시 숨을 고르고 싶을 땐 훌쩍 차브타트로 가는 버스에 오른다.

Pick 02
눈의 성모 마리아 수도원
버스 정류장을 등지고 오른쪽으로 조금만 걸어가면 바다와 시가지의 모습이 눈에 들어온다. 포장된 산책로가 끝나는 지점에는 15세기에 지은 눈의 성모 마리아 수도원(Samostan Gospe od snijega)이 있다. 한여름인 8월 눈이 내렸던 자리에 세운 로마의 산타 마리아 마조레 대성당의 기적을 기리며 지었다. 수도원은 1481년, 동쪽 별관의 성당은 1493년에 지어 이곳엔 600여 년의 시간이 흐른다.

Pick 03

라치치 가문 영묘에선 푸른 바다 풍경을

수도원 오른쪽 계단을 이용해 언덕 끝까지 올라가면 이반 메슈트로비치가 설계한 최초의 건축 작품인 라치치 가문 영묘(Mauzolej obitelji Račić, 내부 관람 €4)가 나온다. 영묘는 팔각형 구조이며 내부는 라치치 가문 구성원의 조각 등으로 장식되어 있다. 영묘 앞에는 공동묘지가 있으며 그 너머로 두브로브니크와 차브타트를 잇는 해안선의 절경이 한눈에 들어온다.

Pick 04

소나무 숲을 뒤로하고 해변 산책

수도원을 지나 소나무 숲길로 들어가면 해변이 나온다. 두브로브니크의 시내 해변보다 한적하게 해안가 산책과 해수욕을 즐길 수 있다. 아쉬운 점은 편의 시설이 부족한 것. 해변을 지나 계속 걸어가면 다시 버스 정류장이 있는 위치로 돌아온다.

Part 08
우리들의 여행 준비

Plan Your Journey

Guide 01

차근차근 하나씩,
크로아티아 여행 준비

01 출국 준비 체크리스트
02 짐 싸기

01 | 출국 준비 체크리스트

크로아티아는 성수기와 비수기가 명확히 구분되는 여행지다. 성수기엔 항공편, 숙소의 선택지가 많다. 비수기엔 선택지가 줄어드는 대신 여행 경비를 절약할 수 있다.

🛂 여권 ☐

여권의 유효기간이 여행 출발일로부터 최소 3개월 이상 남았는지 확인한다. 크로아티아는 솅겐 협약 가입국으로 관광 목적으로 입국하는 한국인은 비자 없이 90일 동안 체류할 수 있다.

🚗 국제운전면허증 ☐

우리나라 여행자가 크로아티아에서 렌터카를 빌리고 운전하기 위해서는 한국 여권, 국제운전면허증, 한국운전면허증, 신용 카드가 반드시 필요하다. 국제운전면허증은 유효기간이 발급일로부터 1년으로 짧기 때문에 이미 발급받은 면허증을 소지하고 있다 하더라도 유효기간을 미리 확인하고 준비한다. ✈ 도로교통공단 국제운전면허증 안내 safedriving.or.kr/guide/larGuide051.do

🏠 숙소 예약 ☐

호텔보다 개인이 운영하는 아파트먼트 형식의 숙소가 훨씬 많다. 성수기와 비수기의 숙박비 차이가 크고 남쪽(두브로브니크)으로 내려갈수록 숙박비가 비싸진다. 예약할 땐 만일의 경우를 대비해 '무료 취소' 옵션을 선택하자.
☞ 크로아티아 숙소 종류 p.268
✈ 숙소 홈페이지, 부킹닷컴, 아고다, 트립닷컴, 호텔스닷컴 등.

Tips. 숙소 검색 내역을 삭제하자!
특정 예약처의 웹사이트에 로그인을 한 상태에서 같은 기기로 숙소 검색을 자주 하면 한정된 정보만 제공하기도 한다. 주기적으로 브라우저의 방문 기록, 인터넷 사용 기록을 삭제하고 검색하자.

✈ 항공편 ☐

티웨이항공이 6~10월, 주 3회(화·목·토요일) 인천-자그레브 직항 편을 운항한다. 운항 일정은 매년 달라진다. 유럽계 항공사의 경우 성수기엔 자그레브뿐만 아니라 스플리트, 두브로브니크로 가기에도 편리하다. 크로아티아 국내선은 크로아티아항공에서 운항한다. 항공권 가격은 항공사, 여행 시기, 부가 서비스 이용 여부, 예약처 등에 따라 천차만별이다. 스카이스캐너, 네이버 항공권을 통해 여러 예매처의 항공권을 비교할 수 있다.

Tips. 크로아티아 여행, 어떤 항공사를 이용할까?
· 직항: 티웨이항공(성수기 운항).
· 경유편: 에어프랑스, KLM 네덜란드항공, 루프트한자, LOT 폴란드항공, 터키항공, 에미레이트항공, 카타르항공 등.

티웨이항공 운항 시간표
· 가는 편: 10:55 인천 출발-17:20 자그레브 도착 / 13시간 25분 소요.
· 오는 편: 18:50 자그레브 출발-익일 12:50 인천 도착 / 11시간 소요.

🎫 티켓/현지 투어 예약 ☐

비수기에 여행한다면 생략해도 괜찮다. 플리트비체 호수 국립공원 입장권은 공식 홈페이지에서 구매한다. 현지 투어는 마이리얼트립, 클룩 등의 플랫폼을 통해 예약할 수 있지만 한국어로 진행되는 투어는 많지 않다. 스냅 사진 촬영은 업체의 블로그, 인스타그램을 통해 예약한다. 교통편 중 자그레브와 두브로브니크를 오가는 크로아티아항공 국내선은 성수기, 비수기와 관계없이 일정이 확정되면 바로 예약하자.

여행자 보험 가입 ☐

여행 중 도난, 분실, 질병, 상해 사고 등을 보상해주는 1회성 보험이다. 이미 출국한 상태에서는 가입이 불가능하므로 출국 전에 보험사의 홈페이지나 애플리케이션을 이용해 상품을 비교해보고 가입하자. 보상 조건, 보상 한도액에 따라 실속, 표준, 고급 등 다양한 플랜을 선택할 수 있다. 현지에서 피해를 증명할 수 있는 서류를 잊지 말고 꼭 발급받아 오자.

↗ 동부화재, 마이뱅크, 삼성화재, 카카오보험, 현대해상 등.

Tips. 상황별 현지 발급 서류
· 도난/사고: 현지 경찰서에서 받은 도난 확인서(폴리스 리포트).
· 병원 치료: 진단서, 치료비 영수증, 처방전, 약제비 영수증.

해외 데이터 서비스 구매 ☐

해외에서 데이터를 이용하는 방법은 로밍, 포켓 와이파이 대여, 유심·이심 교체 등이 있다. 어떤 방법을 선택해도 인터넷 속도는 우리나라보다 많이 느리다. 한국에서 오는 연락을 받아야 하는 사람은 요금이 비싸도 데이터 로밍, 여러 기기를 동시에 사용하고 싶은 사람은 포켓 와이파이를 추천한다. 유심·이심 교체는 다른 방법보다 요금이 저렴하다.

Tips. 해외 데이터 서비스 구매처
· 데이터 로밍: SK 텔레콤, KT, LG U플러스 등 통신사.
· 포켓 와이파이: 통신사 및 와이파이 도시락.
· 유심/이심: 말톡, 로밍도깨비, 유심사, 유심스토어, 이심이지.

환전/카드 준비 ☐

명소, 숙소, 음식점, 기념품점 등 대부분의 공간에서 신용 카드, 체크 카드 결제가 가능하다. 트래블월렛(TravelWallet), 트래블로그(travlog), 쏠(SOL)트래블 체크 카드 외에도 콘택트리스 기능이 있는 신용 카드와 체크 카드는 크로아티아 전역에서 손쉽게 사용할 수 있다. 도난이나 분실에 대비해 카드는 2장 이상 발급받고 환전은 최소한만 하는 걸 추천한다.

Tips. 크로아티아 숙소 종류

· **호텔 Hotel**
자그레브를 제외한 다른 도시들의 대형 호텔은 구시가 밖에 있다. 구시가 내 호텔은 대부분 소규모 부티크 호텔이며, 소규모 호텔은 리셉션 운영시간이 정해져 있다.

· **호스텔 Hostel**
다인실 위주로 운영하며, 다인실과 개인실을 함께 운영하는 호스텔도 있다. 개인실이라도 욕실은 공용일 수 있다. 리셉션 운영시간, 체크인/체크아웃 후 짐 보관 여부도 미리 확인하자. 다인실에서 숙박할 땐 개인 소지품을 잘 관리한다.

· **아파트먼트 Apartment**
크로아티아에서 가장 많이 볼 수 있는 형태의 숙박 시설이다. 가장 큰 장점은 취사가 가능하다는 것. 또한 숙소 규모에 따라 여러 명이 숙박할 수 있어 1인당 숙박비가 호텔보다 저렴해진다. 대부분 개인이 운영하는 곳이라 리셉션이 따로 없다. 체크인할 때 집의 상태를 사진, 동영상 등으로 기록해놓고 호스트와 소통할 때는 예약한 사이트(에어비앤비, 부킹닷컴 등)의 메시지 기능을 이용하는 걸 추천한다.

· **민박 Private rooms**
집의 남는 방을 여행자에게 빌려준다. 주인과 한집에 머물기 때문에 불편한 점도 있지만 문제가 생겼을 때 즉각 대응할 수 있다는 것은 장점이다. 주방, 욕실, 거실 등을 공용으로 사용한다.

02 | 짐 싸기

짐의 무게와 부피는 여행 기간, 여행 시기, 여행 스타일에 따라 달라진다. 저렴한 항공권은 위탁 수하물이 포함되지 않기도 하니 예약할 때 꼼꼼하게 확인한다.

Check List

✈ 여권 및 항공권 ☐
항공사의 홈페이지, 애플리케이션에서 온라인 체크인을 할 수 있다. 분실에 대비해 여권 사본을 챙겨도 좋다.

📄 각종 서류 ☐
여권용 사진, 국제운전면허증, 한국운전면허증, 국제학생증 등.

💵 현지 화폐와 신용 카드 ☐
환전은 최소한만 하고, 체크/신용 카드는 2장 이상 준비한다.

👕 의류와 신발 ☐
발이 편한 신발은 필수. 여름에도 얇은 긴팔 옷을 챙기는 게 좋다.
☞ 크로아티아 월별 여행 팁 p.26

🧢 모자와 선글라스 ☐
특히 여름에 여행할 예정이라면 꼭 챙기자.

🩱 물놀이 용품 ☐
수영복, 아쿠아 슈즈, 비치 타올 등.

📶 포켓 와이파이 또는 심카드 ☐

🔥 휴대용 핫팩과 여행용 전열기구 ☐
겨울에도 우리나라보다 따뜻하지만 실내 난방이 세지 않다. 부피가 작은 여행용으로 챙기자.

☂ 우산과 우비 ☐
플리트비체 호수 국립공원에선 우비, 다른 도시에선 접는 우산이 유용하다.

🧴 화장품과 세면도구 ☐
스킨케어 제품과 선크림, 샴푸, 린스, 보디클렌저, 칫솔, 치약 등.

💊 비상 약품 ☐
감기약, 지사제, 소화제 등. 평소 먹는 약이 있다면 만일의 경우를 대비해 영문 처방전을 함께 챙긴다.

🔌 전자제품 ☐
변압기는 필요 없다. 숙소에 USB A, USB C 포트가 없는 곳이 많고 벽에 붙은 콘센트에서 전원을 끌어와야 하는 경우도 있다. 그럴 때 멀티 탭이 있으면 유용하다. 보조 배터리도 챙기자.

Guide 02

더 편하고 유용하게, 크로아티아 여행 애플리케이션

01 길 찾기
02 번역
03 체크/신용 카드
04 차량 호출
05 시외 교통
06 시내 교통

*책 속 애플리케이션 다운로드: 구글 플레이스토어, 애플 앱스토어

01 길 찾기

구글 지도 Google Maps
길 찾기의 필수 애플리케이션. 렌터카를 이용할 때 내비게이션으로도 사용할 수 있다. 정확한 편이나 갑작스러운 공사, 행사로 인한 도로 통제 등은 반영되지 않는다. 일부 식당은 구글 지도로 예약도 가능하다.

02 번역

구글 번역 Google Translate/네이버 파파고 Papago
'한국어-크로아티아어'로 번역하는 것보다 '영어-크로아티아어'로 번역하는 것이 더 정확하니 한국어를 영어로 바꾸고 다시 크로아티아어로 번역해보자. 메뉴판 글씨 등은 애플리케이션의 카메라 버튼을 누르고 번역된 글을 확인하는 이미지 번역을 활용한다.

03 체크/신용 카드

카드사 애플리케이션 Credit·Debit Card
소지한 신용/체크 카드의 애플리케이션을 모두 한국에서 설치하고 회원 가입, 본인 인증까지 완료한 후 출국한다.

04 차량 호출

우버 Uber/볼트 Bolt
한국에서 애플리케이션 설치 및 회원 가입, 본인 인증, 결제 수단 등록까지 마쳐야 여행 중에 이용할 수 있다. 같은 경로라도 두 회사의 요금이 다를 수 있지만, 모두 일반 택시보다 저렴하다.

05 시외 교통

트래블링닷컴 Traveling.com/플릭스버스 FlixBus
장거리 버스 예약 애플리케이션. 트래블링닷컴이 좀 더 다양한 회사의 버스 운행 정보를 알 수 있다. 트래블링닷컴은 겟바이버스(GetByBus)와 겟바이페리(GetByFerry)를 통합한 새로운 이름이다. 선박 운항 정보 확인과 예약도 가능하다.

06 시내 교통

무빗 Moovit
구글 지도에서 확인할 수 없는 두브로브니크의 시내버스 정보를 확인할 수 있다.

Guide 03

입국부터 출국까지, 실전 크로아티아 여행

01 크로아티아로 입국하기
02 도시 간 이동하기: 장거리 버스
03 도시 간 이동하기: 선박, 열차
04 렌터카 이용하기
05 시내 교통: 시내버스, 트램, 택시
06 크로아티아에서 출국하기

01 | 크로아티아로 입국하기

우리나라 여행자의 대다수가 자그레브 국제공항으로 입국해 크로아티아 여행을 시작한다. 두브로브니크와 스플리트에도 공항이 있으며 국내선은 크로아티아항공에서 운항한다.

☞ 자그레브 국제공항 p.59, 스플리트 국제공항 p.141, 두브로브니크 국제공항 p.183

Step 01 입국 심사
직항기 또는 터키나 중동 국가를 경유하는 항공기를 이용한다면 자그레브 국제공항에서 입국 심사를 받는다. 출입국 신고서, 세관 신고서 등 제출할 서류는 없다. 프랑스, 네덜란드, 독일, 폴란드 등 솅겐 국가를 경유하는 비행기를 탔다면 경유하는 공항에서 입국 심사를 받고, 크로아티아에 도착해서는 별도의 절차 없이 짐 찾는 곳으로 이동한다. 2025년 10월부터 유럽 연합 및 솅겐 국가 여행 시 EES 시스템을 등록해야 한다. EES 시스템은 비(非)EU 국적자가 처음으로 EU 국가에 입국할 경우 여권 정보와 지문, 얼굴 사진 등을 전용 키오스크에 등록하는 제도이다(3년 유효).

Step 02 수하물 찾기
경유 편은 위탁 수하물이 제때 도착하지 않을 수 있으니 경유 시간이 최소 1시간 30분 이상인 항공편을 이용하자. 입국 심사가 끝나면 전광판에서 비행기 편명과 수하물 수취대 번호를 확인한 후 해당 컨베이어 벨트로 이동한다.

Step 03 도착 로비로 이동하기
도착 로비는 0층, 즉 그라운드 플로어(Ground Floor)에 있다. 그라운드 플로어 밖으로 나가 공항 셔틀버스, 택시 등을 이용해 시내로 이동한다.

> **Tips. 유럽 여행 중 크로아티아에 들른다면?**
> 비행기, 장거리 버스, 열차, 선박 등 다양한 방법으로 크로아티아에 입국할 수 있다. 이탈리아, 슬로베니아, 오스트리아, 헝가리, 보스니아 헤르체고비나(솅겐 협정 미가입) 등 인접한 국가에서 크로아티아로 입국할 때 가장 많이 이용하는 교통수단은 장거리 버스. 아드리아해를 끼고 크로아티아와 마주 보는 이탈리아 동부의 해안 도시(베네치아, 바리, 안코나)와 크로아티아를 오가는 배편도 있다. 크로아티아는 솅겐 협정 가입국이다. 인접한 대부분의 국가를 오갈 땐 별도의 출입국 심사를 받지 않는다.

02 도시 간 이동하기: 장거리 버스

크로아티아 구석구석을 이어주는 장거리 버스는 여행자와 현지인 모두의 발이 되어주는 중요한 교통수단이다. 철도 교통이 발달하지 않은 크로아티아에선 자그레브, 스플리트 등 대도시부터 아주 작은 마을까지 버스가 가지 않는 곳이 없다. 유럽 다른 나라로의 이동도 열차보다 버스가 편리하다.

 장거리 버스, 예약부터 탑승까지

Step 01 예약하기

트래블링닷컴(Traveling.com), 플릭스버스(FlixBus)의 홈페이지와 애플리케이션에서 버스 노선과 시간표를 조회하고 예약할 수 있다. 트래블링닷컴에서는 여러 회사의 운행 정보를 한 번에 볼 수 있지만 플릭스버스에서는 자사에서 운행하는 버스의 정보만 확인할 수 있다. 국제선은 플릭스버스의 노선이 좀 더 다양하다. 두 회사 모두 회원 가입을 하지 않고도 예약할 수 있다. 예약할 때 입력한 이메일 주소로 QR코드가 포함된 승차권이 발송되므로 종이 승차권으로 교환할 필요 없이 바로 탑승하면 된다.

🚌 트래블링닷컴 traveling.com   🚌 플릭스버스 global.flixbus.com

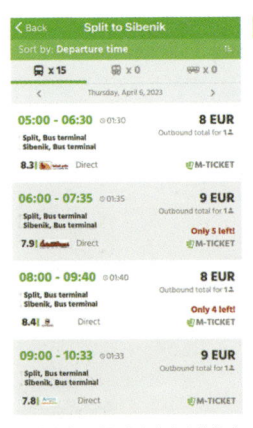

플릭스버스 애플리케이션 검색 화면.

플릭스버스 애플리케이션 구매 티켓.

Tips. 장거리 버스, 예약할까 말까

성수기(6월 중순~9월 중순)에 여행하는 것이 아니라면 미리 예약할 필요는 없다. 자그레브-플리트비체 호수 국립공원, 자다르-스플리트, 스플리트-두브로브니크 구간은 여행자가 많이 이용하지만 성수기가 아니라면 탑승 당일에 승차권을 구입해도 무방하다. 버스에 탑승한 후 기사에게 직접 요금을 내는 현지인도 많다. 크로아티아 장거리 버스에는 항상 2명의 기사가 탑승해 번갈아가며 운전한다.

Step 02 플랫폼 확인하기

승차권에 플랫폼이 표기된 경우와 그렇지 않은 경우가 있다. 플랫폼이 표기되어 있어도 당일 변경되는 경우도 잦기 때문에 탑승 전 매표소나 안내소에 문의하고 터미널 내 전광판도 확인하자. 자그레브, 자다르, 스플리트의 버스 터미널은 플랫폼이 많기 때문에 시간 여유를 두고 방문해야 한다.

Step 03 버스 회사와 목적지 확인하기

버스에 탑승할 때는 버스 회사 이름을 확인하는 것이 중요하다. 버스 회사 정보는 승차권에 나와 있으며 회사마다 버스 외관이 다르다. 또한 버스 앞 유리에 주요 경유지와 최종 목적지가 쓰인 종이가 붙어 있으니 한 번 더 확인하고 탑승하자. 플릭스버스는 전 차량의 외관이 형광 초록색으로 동일하기 때문에 목적지 확인이 더욱 중요하다.

Step 04 짐값 지불하기

회사에 따라 €0.5~1(현금 결제만 가능)의 짐값을 따로 낸다. 공항에서 위탁 수하물을 처리하듯 짐값을 내면 짐에 짐표를 붙여주고 승객에게 번호표를 건네준다. 플릭스버스는 짐값을 따로 내지 않는다. 하차할 때는 승객이 알아서 짐을 찾아야 하는 경우가 더 많다.

Step 05 좌석 찾기

승차권에는 좌석 번호가 나와 있는데 막상 탑승하면 좌석에 번호 표기가 없거나 내 좌석에 다른 사람이 앉아 있는 당황스러운 경험을 할 수 있다. 그럴 땐 그냥 빈자리에 앉으면 된다. 참고로 성수기엔 늦게 탑승하면 좌석 번호가 있어도 서서 가는 경우가 발생한다. 가능하면 플랫폼에 미리 가서 좌석을 확보하자. 현지인보다 여행자가 훨씬 많이 이용하는 플릭스버스는 지정 좌석제(사전 좌석 지정 유료)가 좀 더 잘 지켜지는 편이다.

> **Tips. 아무리 늦어도 오긴 온다**
>
> 플리트비체 호수 국립공원을 오가는 장거리 버스는 연착으로 유명하다. 자그레브, 스플리트 등 대도시에서는 장거리 버스가 늦게 출발하는 일이 비교적 적으나, 소도시에서 다른 도시로 가는 버스는 연착이 자주 발생한다. 특히 고속도로 통행량이 늘어나는 여름철에는 출발지가 아닌 이상 버스가 늦게 도착하는 일이 빈번하다.

> **Tips. 버스 터미널 시설과 위치**
>
> 2층 규모의 건물에 슈퍼마켓, 빵집, 드러그스토어 등이 입점한 자그레브 버스 터미널 이외의 다른 도시 버스 터미널은 이용하는 승객 수에 비해 시설이 열악한 편이다. 터미널 내에 있는 가장 기본적인 시설은 매표소(안내소), 화장실 정도이고 짐 보관소는 터미널마다 운영 상황이 제각각이다. 두브로브니크를 제외한 거의 모든 도시의 버스 터미널은 구시가까지 걸어서 이동할 수 있는 거리에 있다.

03 도시 간 이동하기: 선박, 열차

크로아티아의 해안선 길이는 약 1800km이며, 섬까지 포함하면 5835km에 달한다. 크로아티아를 여행할 때 해상 교통수단이 중요한 이유다. 여행자가 주로 이용하는 구간은 스플리트와 흐바르섬, 흐바르섬과 두브로브니크를 잇는 노선이다. ☞ 스플리트로 이동하기: 선박p.144, 두브로브니크로 이동하기: 선박p.187

선박, 예약부터 탑승까지

Step 01 예약하기

성수기인 6~9월에 여행할 예정이라면 미리 예약하자. 승객이 많으면 입석으로라도 운행하는 버스와 달리 배는 안전상의 이유로 승객 숫자를 철저하게 제한한다. 선박 회사마다 홈페이지를 운영하며, 트래블링닷컴 홈페이지를 이용하면 여러 회사의 노선까지 확인할 수 있다.

Tips. 매년 달라지는 운항 시간표
선박은 계절에 따라 운항 시간표가 크게 달라진다. 매년 초가 되면 각 선박 회사마다 홈페이지에 그해의 운항 노선, 시간표, 요금표를 업데이트한다.

🚢 트래블링닷컴 traveling.com 🚢 야드롤리니야 jadrolinija.hr 🚢 티피 라인 tp-line.hr 🚢 크릴로 krilo.hr/en

Step 02 선착장 확인하기

사람만 탑승하는 쾌속선과 버스까지 실을 수 있는 대형 페리는 출발하는 선착장이 서로 다르다. 특히 항구의 규모가 큰 스플리트에서 배를 탈 때는 선착장 위치를 미리 파악해놓는 게 중요하다. 스플리트에서 흐바르섬으로 가는 선박을 예로 들면, 흐바르 타운으로 가는 쾌속선 선착장은 구시가 바로 앞에 있지만 스타리 그라드로 가는 대형 페리의 선착장은 구시가에서 걸어서 10~15분 거리에 있다.
☞ 흐바르섬으로 이동하기p.243

Step 03 짐은 짐칸에, 빈자리에 착석

쾌속선은 선실 바깥쪽에 짐칸이 있기 때문에 큰 짐은 짐칸에 두고 선실로 들어간다. 좌석 번호가 없으므로 빈자리에 앉는다. 선실 내에는 화장실, 매점이 있다. 아드리아해는 대체로 잔잔한 편이지만 쾌속선은 배의 크기가 작아 날이 궂으면 많이 흔들린다. 멀미가 있는 사람은 멀미약을 준비하자.

열차

유럽은 유럽 전역의 열차를 망라하는 티켓 '유레일패스'가 있을 정도로 열차 이동이 수월한 편이다. 하지만 크로아티아에서는 상황이 좀 다르다. 크로아티아를 대표하는 관광 도시 두브로브니크엔 철도역조차 없다. 자그레브, 자다르, 스플리트 등의 도시에서 열차를 이용할 수 있지만 장거리 버스와 요금 차이도 별로 없고 무엇보다 운행 횟수가 현저히 적어 불편하다.

04 렌터카 이용하기

크로아티아는 장거리 버스 노선이 잘되어 있어 뚜벅이 여행자도 불편함이 거의 없지만 그래도 렌터카의 기동성은 따라갈 수 없다. 주의사항을 충분히 숙지한 후 렌터카 여행을 떠나보자.

렌터카 업체

우리나라 여행자에게 인기가 많은 렌터카 회사는 크로아티아 현지 기업인 유니 렌트(Uni Rent)다. 한국어 홈페이지가 지원되는 허츠(Herz)나 식스트(Sixt)도 많이 이용한다. 자그레브·두브로브니크 국제공항 도착 로비에 렌터카 사무실이 모여 있다. 차량을 인도받을 땐 직원과 함께 내외부를 꼼꼼하게 확인하자.

↗ 유니렌트 uni-rent.net ↗ 허츠 hertz.co.kr ↗ 식스트 sixt.co.kr

렌트 시 고려사항

- 크로아티아에는 수동 기어 차량이 많다. 자동 기어 차량은 예약이 빨리 마감되는 편이니 성수기엔 예약을 서두르자. 예약 후에도 이메일 등을 통해 해당 차량이 맞는지 여러 번 확인하는 게 좋다.
- 크로아티아만 여행한다면 렌터카 회사에서 추천하는 내비게이션 옵션은 추가하지 않아도 된다. 구글 지도의 내비게이션 기능으로도 충분하다. 한국어가 지원되는 웨이즈(WAZE) 애플리케이션을 사용하면 단속 카메라 및 잠복 경찰 정보 등도 확인할 수 있다.
- 렌터카를 예약할 때 기본적으로 제공하는 보험은 자차보험(CWD)으로, 사고가 났을 때 여행자가 전액 또는 일정 금액 이상을 부담해야 한다. 따라서 추가 비용(1일 €10~15)을 내더라도 렌터카를 예약할 때 전체보장보험(슈퍼 커버 또는 풀 커버)을 드는 것을 추천한다.
- 북쪽 자그레브에서 여행을 시작해 남쪽 두브로브니크에서 여행을 마친다면 추가 비용(One-way Fee)을 내고 인도 장소와 반납 장소를 다르게 설정할 수 있다.
- 이 외에 연료 옵션, 운전자 추가, 베이비 시트 등 다양한 옵션 사항이 있다.
- 차량을 반납할 때 문제가 없다면 보증금은 환불해준다.

Tips. 렌터카 대여 시 필요한 서류

크로아티아에서 차량을 빌리고 운전하려면 국제운전면허증, 한국운전면허증, 여권, 신용 카드(보증금 결제용, 체크 카드 불가)가 반드시 필요하다.

실전! 크로아티아에서 운전하기

- 유럽의 다른 나라와 마찬가지로 크로아티아에도 회전 교차로가 상당히 많은데, 교차로에 진입해 있는 차량이 우선 통행권을 가진다.
- 비보호 좌회전과 일방통행이 많으므로 주의하자.
- 한국과는 달리 중앙선이 흰색이므로 반대편 차선으로 넘어가지 않도록 한다. 또한 1차선은 추월 차선이다.
- 고속도로 요금소를 지날 때 'ENC'라고 적힌 곳(보통 요금소 가장 오른쪽)은 한국의 하이패스 전용 차로와 같으므로 그쪽으로는 들어가지 말자.
- 고속도로에선 사복 경찰이 과속 운전을 집중 단속한다. 고속도로의 제한 속도는 80~130km/h, 시내는 50km/h이다.
- 야간 운전 시 반드시 전조등을 켜도록 법으로 규정되어 있다. 10월부터 3월까지는 낮에도 반드시 하향등을 켜고 운전해야 한다.
- 교통사고가 발생했을 때는 경찰(국번 없이 112)에 신고한 후 해당 렌터카 업체에 사고 접수를 해야 한다. 성수기에는 경찰이 사고 현장에 도착하기까지 2~3시간이 소요될 수 있다. 보험 처리를 위해 경찰에게 '경찰 사건 접수서'를 반드시 발급받자.

Tips. 크로아티아 주유소 이용하기

대부분의 주유소가 셀프 주유 방식이다. 차량을 인도받을 때 유종을 제대로 확인하자. 시동을 끄고 준비되어 있는 일회용 비닐장갑을 끼고 유종을 선택한 후 기름을 넣는다. 주유가 끝나면 주유소 내 사무실로 가서 사용한 기계 번호를 말하고 요금을 지불한다.

Tips. 크로아티아에서 주차하기

렌터카를 이용할 때 가장 골치 아픈 문제는 다름 아닌 주차. 구시가 안으로는 차량이 진입할 수 없는 도시도 있기 때문에 구시가에 숙소를 잡았다면 구시가 밖에 주차한 후 걸어서 숙소까지 이동해야 한다. 주차 요금은 구시가와 가까워질수록 비싸다. 거주자 우선 주차구역, 장애인 주차구역 등 제한 사항이 있으므로 숙소 호스트에게 미리 문의해두는 게 좋다. 불법 주차를 하면 견인되는 경우가 많으니 반드시 지정된 구역에 주차한다.

05 | 시내 교통: 시내버스, 트램, 택시

크로아티아의 도시들은 시내 규모가 작고 명소 간 거리가 가까워 도보로 둘러볼 수 있다. 숙소는 시내 중심에 모여 있고 버스 터미널, 항구 등도 구시가에서 멀지 않아 시내에서 대중교통을 이용할 일은 그렇게 많지 않다.

 **시내버스와 트램, 승차권 구매부터 승하차까지**

Step 01 승차권 구매하기
크로아티아 전역에서 빨간 간판의 가판대인 티삭(TISAK)을 볼 수 있다. 공항, 버스 터미널, 시내 교통 정류장 어디에서나 쉽게 찾을 수 있다. 시내버스나 트램 차내에서 바로 승차권을 구매할 수도 있지만, 티삭에선 다양한 종류의 승차권을 차내에서보다 저렴하게 구매할 수 있다.

Step 02 승차하기
도시마다 시내 교통수단의 운행 회사는 다르지만 탑승 방법은 동일하다. 탑승할 때 차내(보통 운전석 바로 옆)의 개찰기에 승차권을 넣어 탑승 일시를 각인한다. 각인하지 않으면 승차권을 갖고 있어도 무임승차로 간주되어 벌금을 문다.

Step 03 하차하기
우리나라와 마찬가지로 하차 벨을 누른다. 차내 안내방송이 미흡한 경우가 많은데 여행자가 내리는 정류장은 대개 정해져 있고 많은 사람이 한 번에 내리기 때문에 놓칠 일은 거의 없다.

> **Tips. 여행자가 시내 교통으로 많이 이동하는 구간**
> **자그레브:**
> 버스 터미널－구시가(반 옐라치치 광장)
> **자다르:**
> 버스 터미널－구시가(바다의 문)
> **두브로브니크:**
> · 버스 터미널·항구－구시가(필레 문)
> · 라파드·바빈 쿠크 지구－구시가(필레 문)
> · 구시가(필레 문)－스르지산
> · 두브로브니크－차브타트

> **Tips. 소매치기를 조심하자**
> 이탈리아, 스페인, 프랑스보다는 덜하지만 크로아티아에도 소매치기가 있다. 특히 시내 대중교통 내에 소매치기가 많으므로 차내에서는 소지품 관리에 주의를 기울이자.

 택시/차량 호출

우리나라에서처럼 손을 들어 도로를 달리는 택시를 잡기는 어렵다. 기차역, 버스 터미널, 호텔 앞 등에 있는 택시 정류장을 이용하자. 크로아티아에서 주로 사용하는 차량 호출 애플리케이션은 우버와 볼트다. 차량 호출 취소 등의 경우를 대비해 2개의 애플리케이션 모두 설치하는 걸 추천한다.

06 | 크로아티아에서 출국하기

출국할 땐 택스 리펀드를 받을지 여부에 따라 절차가 달라진다. 직항 편이나 유럽 이외의 국가를 경유하는 항공기를 이용한다면 크로아티아에서 택스 리펀드를 받는다. EU 국가를 경유한다면 경유 국가에서 택스 리펀드를 받게 된다.

Step 01 공항 도착
출발 로비로 이동한다. 자그레브 국제공항 출발 로비는 2층이다. 항공사 카운터, 택스 리펀드 카운터가 한눈에 들어올 정도로 규모가 작다.

Step 02 택스 리펀드 신청
자그레브 국제공항의 택스 리펀드 카운터는 공항 출입구를 등지고 섰을 때 왼쪽에 위치한다. 상단에 'Carina/Customs'라고 쓰여 있다. 짐을 확인하는 경우도 있으니 수하물을 위탁하기 전에 택스 리펀드를 받자.
필요한 서류는 여권, 탑승권(모바일 탑승권 가능), 상점에서 받은 서류, 신용 카드다. 세관 도장을 받고 나서 카운터 옆에 있는 노란 우체통에 서류를 넣으면 된다. 우체통에 넣기 전에 서류 사진을 찍어 보관하는 걸 추천한다.

Tips. 택스 리펀드 여부에 따라 공항 도착 시간이 달라진다
택스 리펀드 카운터에 직원이 없다면 내선 전화로 연락한 후 기다린다. 대부분 5분 이내에 오지만 30분 정도 기다렸다는 사례도 있다. 따라서 크로아티아 내 공항에서 택스 리펀드를 받을 예정이라면 성수기엔 출발 시간 3시간 전에는 공항에 도착해야 한다.

Step 03 탑승 수속과 수하물 위탁
택스 리펀드를 받지 않는다면 바로 항공사 카운터로 가서 탑승 수속을 하고 수하물을 보낸다. 보통 비행기 출발 2시간 30분 전에 탑승 수속을 시작한다.

Step 04 보안 검사와 출국 심사
직항 편이나 터키, 중동 등을 경유하는 항공기를 이용한다면 크로아티아에서 출국 심사를 받는다. 프랑스, 네덜란드, 독일, 폴란드 등 셍겐 국가를 경유하는 비행기를 탄다면 경유하는 공항에서 출국 심사를 받는다.

편안함의
새로운 기준

프리미엄 컴포트 클래스로
새로운 비행을 경험하세요

자세히 보기
klm.com/premiumcomfort

Index
색인

◉ Sightseeing

국립 나이브 아트 미술관　78
군둘리체바 광장　215
궁전 지하(디오클레티아누스 궁전)　159
그리시아 거리　235
금의 문　160
깨진 관계 박물관　78
나로드니 광장(자다르)　129
누드 비치(로크룸)　227
눈의 성모 마리아 수도원　262
닌의 그레고리우스 동상　163
다섯 우물 광장　129
대성당 보물관　158
돌라츠 시장　73
돌의 문　78
두브로브니크　178
두브로브니크 대성당　218
디오클레티아누스 궁전　154
라스토케　238
라치치 가문 영묘　263
라파드 해변　211
로브리예나츠 요새　199
로빈　232
로열 요새　227
로크룸섬　225
로트르슈차크 탑　79
루자 광장　215

리바 거리(스플리트)　167
리바 거리(트로기르)　252
마르얀 삼림 공원　168
막시밀리안 정원과 식물원　227
메슈트로비치 갤러리　165
바다 오르간　124
바다의 문　128
바로네 요새　257
반예 해변　210
반 옐라치치 광장　72
발비 문　234
베스티불　159
벨뷰 해변　211
보치니 광장　169
북문(트로기르)　250
성 니콜라스 요새　259
성 도나트 성당　131
성 돔니우스 대성당　157
성 로브로 대성당　251
성 마르코 성당　75
성 미호빌라 요새　258
성벽(두브로브니크)　198
성 블라호 성당　217
성 스테판 광장　245
성 스토시아 대성당　131
성 야고보 대성당　256
성 에우페미아 성당　236
성 이그나티우스 성당　218

Index
색인

성 이바나 요새 259
스르지산 206
스플리트 136
시로카 거리 130
시베니크 254
아스날 245
열주 광장 156
옛 총독 궁전 216
옛 항구(두브로브니크) 216
요새(흐바르섬) 246
육지의 문 128
은의 문 160
이바나 트칼치차 거리 77
이바나 파블라 2세 광장 250
일리차 거리 77
자그레브 54
자그레브 대성당 74
자다르 110
주피터 신전 158
차브타트 260
철의 문 160
카메를랭고 요새 252
카슈틸라츠 164
큰 오노프리오 분수 214
태양의 인사 125
토미슬라브 광장 75
트로기르 248
티토 광장 234

포럼 130
프란체스코회 수도원 217
프리모슈텐 253
플라차 대로 214
플로체 문 213
플리트비체 호수 국립공원 86
피야차 169
필레 문 213
황동의 문 160
흐바르 섬 242

 Food&Drink

두브라브카 1836 220
디16 스페셜티 커피숍 자다르 134
디16 커피 174
라 슈트루크 81
란테르나 나 돌추 83
레스토랑 보반 82
레스토랑 브루스케타 133
레스토랑 포 칸투나 132
루친 칸툰 두브로브니크 219
루카 아이스크림 앤 케이크 173
리츠카 쿠차 109
바르바 220
보케리아 키친 앤 와인 171
본토 코리안 레스토랑 221
부자 카페 222

Index
색인

빈체크 슬라스티차르니카　80

빌라 스피자　173

섹시 카우　174

스타리 피야케르　81

아르트 카바나　132

아멜리에　82

엘라스 젤라테리아 아르티지날레　172

젤라테리아 에바　134

즐라트나 리비차　172

칸툰 파울리나　171

콰화　83

크레이지 피자　134

티넬 스페셜티 커피숍-스플리트　172

파노라마 레스토랑 앤 바　222

페트 부나라 다인 앤 와인　133

페피노스 젤라토　221

포르토피노　170

푸르게르　83

피그 스플리트　170

피제리아 부츠니차　109

피제리아 세테 소렐레　173

필 그린 헬시 푸드　174

헤리티지　80

헤리티지 오브 두브로브니크　219

🛍 Shopping

나달리나 초콜릿　177

노천 시장(로빈)　237

노천 시장(스플리트)　175

두브로브니크 시티 숍-왕좌의 게임　223

마르몬토바 거리　176

말라 브라차 약국　224

바찬　224

브리탄스키 광장 시장　84

생선 시장(스플리트)　175

슈페르노바 츠브예트니　85

아우라 스플리트　177

우예　176

인터스파 하이퍼마켓　135

크로아타　85

테라 크로아티아　223

파블라 라디차 거리　84